学术前沿

THE FRONTIERS OF ACADEMIA

社会学的想象力

[美] C. 赖特·米尔斯 著

陈强 张永强 译

*

生活·讀書·新知三联书店

Simplified Chinese Copyright © 2016 by SDX Joint Publishing Company.
All Rights Reserved.
本作品简体中文版权由生活·读书·新知三联书店所有。
未经许可,不得翻印。

图书在版编目(CIP)数据

社会学的想象力/(美)米尔斯著;陈强,张永强译. —4版. —北京:生活·读书·新知三联书店,2016.10 (2025.2 重印)
(学术前沿)
ISBN 978-7-108-05725-9

Ⅰ.①社… Ⅱ.①米…②陈…③张… Ⅲ.①社会学 Ⅳ.① C91

中国版本图书馆 CIP 数据核字(2016)第 133986 号

责任编辑	冯金红
装帧设计	罗 洪 蔡立国
责任印制	董 欢
出版发行	**生活·讀書·新知** 三联书店
	(北京市东城区美术馆东街22号 100010)
网 址	www.sdxjpc.com
图 字	01-2008-6201
经 销	新华书店
印 刷	北京隆昌伟业印刷有限公司
版 次	2001年7月北京第1版
	2005年3月北京第2版
	2012年11月北京第3版
	2016年10月北京第4版
	2025年2月北京第15次印刷
开 本	880毫米×1230毫米 1/32 印张 8.5
字 数	186千字
印 数	72,001-77,000册
定 价	42.00元

(印装查询:01064002715;邮购查询:01084010542)

学术前沿

总　序

　　生活·读书·新知三联书店素来重视国外学术思想的引介工作，以为颇有助于中国自身思想文化的发展。自80年代中期以来，幸赖著译界和读书界朋友鼎力襄助，我店陆续刊行综合性文库及专题性译丛若干套，在广大读者中产生了良好影响。

　　第二次世界大战结束后，随着世界格局的急速变化，学术思想的处境日趋复杂，各种既有的学术范式正遭受严重挑战，而学术研究与社会—文化变迁的相关性则日益凸显。中国社会自70年代末期起，进入了全面转型的急速变迁过程，中国的学术既是对这一变迁的体现，也参与了这一变迁。迄今为止，这一体现和参与都还有待拓宽和深化。由此，为丰富汉语学术思想资源，我们在整理近现代学术成就、大力推动国内学人新创性著述的同时，积极筹划介绍反映最新学术进展的国外著作。"学术前沿"丛书，旨在译介"二战"结束以来，尤其是本世纪60年代之后国外学术界的前沿性著作(亦含少量"二战"前即问世，但在战后才引起普遍重视的作品)，以期促进中国的学科建设和学术反思，并回应当代学术前沿中的重大难题。

　　"学术前沿"丛书启动之时，正值世纪交替之际。而现代中国的思想文化历经百余年艰难曲折，正迎来一个有望获得创造性大发展的历史时期。我们愿一如既往，为推动中国学术文化的建设竭尽绵薄。谨序。

生活·读书·新知三联书店
1997年11月

献给Harvey和Bette

目 录

第一章　前景……3
第二章　宏大理论……27
第三章　抽象经验主义……57
第四章　形形色色的实用性……85
第五章　科层制气质……111
第六章　科学哲学……132
第七章　人类的多样性……146
第八章　对历史的运用……158
第九章　论理性和自由……183
第十章　论政治……196
附　录　论治学之道……216

致谢……254
索引……256

译者后记……265

第一章　前景

现在，人们经常觉得他们的私人生活充满了一系列陷阱。他们感到在日常世界中，战胜不了自己的困扰，而这种感觉往往是相当正确的：普通人所直接了解及努力完成之事总是由他个人生活的轨道界定；他们的视野和权利要受工作、家庭与邻里的具体背景的限制；处于其他环境时，他们则成了旁观者，间接感受他人。他们对超越其切身所处环境的进取心与威胁越了解——不管这种认识多模糊——就觉得似乎陷得更深。

造成这种跌入陷阱的感觉的，是世界上各个社会的结构中出现的似乎非个人性的变化。当代历史的事实同时也是每个男人与女人成功或失败的故事。当一个社会完成了工业化，农民会变成工人，封建地主会被清除或是变成商人。随着阶级的上升或下降，人们或是找到工作或是被解雇；随着投资率的起伏，人们或是发财或是破产。当战争爆发，保险销售商成了火箭发射员，商店职员成了雷达控制员，妻子们独守空房，孩子们在没有父亲照料的环境下成长。人们只有将个人的生活与社会的历史这两者放在一起认识，才能真正地理解它们。

然而，人们一般不是根据历史的变迁与制度的冲突来确定他们所遭受的困扰。他们一般不将自己所享受的幸福生活归因于他们所处社会的大规模起伏变动。因为他们对自身生活模式与世界历史的潮流之间错综复杂的联系几乎一无所知,普通人往往不知道这种联系对于他们将要变成的那种类型的人,对于他们或许要参与其中的构建历史的过程意味着什么。那些对领会人与社会之间,个人生活与历史之间,自我与世界之间的相互作用不可或缺的心智方面的品质,他们并不具备。他们不能通过诸如控制通常在其身后发生的结构性变迁的方式,处理好那些个人的困扰。

这当然不足为奇。有哪一个时代,会有这么多的人以这么快的速度去面临如此翻天覆地的变化?和其他社会中的男男女女一样,美国人也不了解这种巨大的变化,因为现在历史事实在迅速地变为"仅仅是历史而已"。现在,影响每个人的历史是世界历史。站在这个时代的舞台上,在一代人中,有六分之一的人从封建的、落后的状态进入到现代的、先进的而又令人惊惧的状态。政治殖民地独立了,新的形式更隐蔽的帝国主义却站住了脚跟。革命爆发了,人们却感到受新类型权威的严密控制;极权主义社会出现了,又被摧垮,或是令人难以置信地取得成功。在经过两个世纪的上升期之后,资本主义显得只是一种将社会变成工业机器的手段而已,经过了两个世纪的美好企盼,即使是形式民主也仅在很少一部分人中实现。在不发达的世界,古代的生活方式被打破了,朦胧的期望变成了迫切的需要。在非常发达的世界,权威与暴力手段的实施就范围而言,成了总体性的,形式也更科层化。如今,人性本身呈现于我们眼前,在地球两端,超级大国各方正最大限度地集中力量,为迎接第三次世界大战作准备。

现在,创造历史的进程超出了人们根据所珍视的价值调适自身的能力。那是些什么价值呢?甚至在未陷入恐慌时,人们也常感到旧的感觉与思维方式已经式微,而新的开端却缺乏明确的道德平衡。普通人感到适应不了他们如此突然就要面对的更广泛的世界;他们不能理解自己所置身的时代对自身的生活意味着什么;为了维护自我,努力使自己仍是完全独立的个人,他们在道德上变得麻木,这些有什么值得奇怪的?他们开始为一种滑入陷阱的感觉所笼罩,这又有什么值得奇怪的?

他们需要的不只是信息,尽管在这个"事实的年代",信息往往支配了他们的注意力,并远远超过他们的吸收能力。他们需要的也不仅仅是理性思考的能力,尽管获得这种能力的努力往往耗尽了他们有限的道德能量。

他们需要的以及他们感到需要的,是一种心智的品质,这种品质可帮助他们利用信息增进理性,从而使他们能看清世事,以及或许就发生在他们之间的事情的清晰全貌。我想要描述的正是这种品质,它可能会被记者和学者,艺术家和公众,科学家和编辑们所逐渐期待,可以称之为社会学的想象力。

一

由于社会学的想象力对不同类型个人的内在生命和外在的职业生涯都是有意义的,具有社会学的想象力的人能够看清更广阔的历史舞台,能看到在杂乱无章的日常经历中,个人常常是怎样错误地认识自己的社会地位的。在这样的杂乱无章中,我们可以发现现代社会的架构,在这个架构中,我们可以阐明男女众生的种种心理状态。通过这种方式,个人型的焦虑不安被集中体现为明确的困扰,公众也不再漠然,而是参与到公共论题中去。

这种想象力的第一个成果——因而也是体现它的社会科学的第一个教益——是这样一个思想,即个人只有通过置身于所处的时代之中,才能理解他自己的经历并把握自身的命运,他只有变得知晓他所身处的环境中所有个人的生活机遇,才能明了他自己的生活机遇。在许多时候,它是一个可怕的教益,而在许多方面,它又是美好的。我们不知人类潜质的限度何在,既有高尚的追求也有自甘堕落,既有剧痛也有欢欣,既有令人愉悦的残暴也有理性的芬芳。但在我们的时代,我们已经开始明白"人性"的限制竟是如此广泛,以致让人感到恐惧。我们已开始明白在某一社会中,一代代的人的个人生活;他生活在自己的生活历程之中,而这个历程又存在于某个历史序列之中。因为他正在生活这一事实,他就对社会的发展和历史的演进做出了贡献,无论这贡献多么微不足道,甚至连他自己也是在社会和历史的推进作用下塑造出来的。

社会学的想象力可以让我们理解历史与个人的生活历程,以及在社会中二者间的联系。这是他的使命与前景。实现这个使命与前景是经典的社会分析家的标志。他是斯宾塞的特质——浮华,综合,统观全局;是E. A. 罗斯的特质——优雅,直率,寻根究底;是孔德和涂尔干的特质;是复杂而微妙的曼海姆的特质。它是马克思具备的优秀的学者品质,是产生凡勃伦的超常的反讽性洞察力的原因。它促发了熊彼特对事实的多角度构建。它构成了在深刻性与清晰性上不比韦伯逊色的W. E. H. 莱基的心理学视野的基础。它体现了当代对人类与社会研究的精华。

在回归到个人生活历程,历史以及二者在生活中的交织等问题之前,没有哪个社会研究能完成其学术探索的过程。无论他们关注的是什么问题,考察的社会现实的范围是狭小还是广泛,那些充满想象力地预见到他们工作前景的经典的社会分析家总是不断地问三种类型的问题:

(1)一定的社会作为整体,其结构是什么?它的基本组成成分是什么,这些成分又是如何相互联系的?这一结构与其他种种社会秩序有什么不同?在此结构中,使其维持和变化的方面有何特定涵义?

(2)在人类历史长河中,该社会处于什么位置?它发生变化的动力是什么?对于人性整体的进步,它处于什么地位,具有什么意义?我们所考察的特定部分与它将会进入的历史时期之间,是如何相互影响的?那一时期的基本特征是什么?与其他时代有什么不同?它用什么独特方式来构建历史?

(3)在这一社会这一时期,占主流的是什么类型的人?什么类型的人又将逐渐占主流?通过什么途径,这些类型的人被选择,被塑造,被解放,被压制,从而变得敏感或迟钝?我们在这一定时期一定社会中所观察到的行为与性格揭示了何种类型的"人性"?我们所考察的社会各个方面对"人性"有何意义?

无论他们的兴趣点是强大的国家还是细微的文学格调、家庭、监狱、教义,经典的社会分析家都要问这些问题。它们是对社会中人的经典研究的核心智识支撑,是具有社会学的想象力的人必然会提出的问题。因为这种想象力是一种视角转换的能力,从自己的视角切换到他人的视角,从政治学转移到心理学,从对一个简单家庭的考察转到对世界上各个国家的预算进行综合评估,从神学院转换到军事机构,从思考石油工业转换到研究当代诗歌。它是这样一种能力,涵盖从最不个人化、最间接的社会变迁到人类自我最个人化的方面,并观察二者间的联系。在应用社会学想象力的背后,总是有这样的冲动:探究个人在社会中,在他存在并具有自身特质的一定时代,他的社会与历史意义何在。

总之,这就是为什么人们现在希望借助社会学的想象力,把握世事,理解作为社会中个人生活历程与历史的结合面上的一个个细小交点,他们自身发生了什么变化。如果他不是一名永远的陌生人,那么他至少是一个局外人,当代人对自身的这种自觉在很大程度上是基于对社会的相对性与历史的改造力量的深刻体会。社会学的想象力正是这种自觉所结出的最丰硕的果实。通过它,原来思维活动只局限于狭小范围的人们会突然对所置身的狭小空间产生新奇的感觉,而他们原本以为自己对此早已熟悉。不论正确与否,他们慢慢觉得可以给自己一个完整的总结、协调的评价和总体性的定位。对他们来说,原先似乎正确的决定现在却显得只是大脑莫名其妙的愚钝的产物。他们好奇的能力重又焕发。他们获得了新的思维方式,经历了价值的再评估:总之,通过他们的反思和感受力,他们理解了社会科学的文化涵义。

二

或许运用社会学的想象力所作的最有成果的区分是"环境中的个人困扰"和"社会结构中的公众论题"。这个区分是社会学想象力的基本工具,也是所有社会科学经典研究的一个特征。

困扰产生于个体的性格之中,产生于他与别人的直接联系之中,这些困扰与他自身有关,也与他个人所直接了解的有限的社会生活范围有关。因而,表述及解决这些困扰就可能有赖于个人的生活经历是一个整体,有赖于他切身所处的环境——即个人经历和在一定程度上意志活动所直接接触的社会环境。困扰是桩私人事务:他感到自己珍视的价值受到了威胁。

论题涉及的事情则超越了个人的局部环境和内心世界。它们涉及许多处于类似处境的组织,这些组织进入到作为整体的历史社会的各种制度中;它们涉及不同的环境重合并相互渗透(以形成更宏观的社会和历史生活的结构)的方式。论题是件公共事务:公众感到他们所珍视的某种价值受到了威胁。关于什么价值真正受珍视,什么东西真正威胁到它,人们常常会有争论。这个争论往往没有焦点,即便这只是因为不像广为流行的困扰,论题的本质在于它不能根据普通人切近的、日常的生活环境加以很好的定义。事实上,一个论题往往包含了制度安排中的某个危机,或是马克思主义者所说的"矛盾"或"对立"。

根据这些方面,可以考虑一下失业。当一座10万人口的城市只有一个人失业时,那么这是他个人的困扰,为了救济他,我们最好要了解这个人的品行,他的技能和目前存在的各种机遇。但是,如果一个有五千万雇佣大军的国家,却有一千五百万人失业,这就是个公众论题,我们也许不能指望在某个个人所能获得的机遇范围内找出解决办法。机遇的结构已经解体了。为正确地表述问题和找出可能的解决方法,我们必须考虑社会的经济和政治制度,而不仅仅是零星散布的个人处境和品行。

再看看战争。当战争爆发时,战争中的个人问题也许是怎样在其中保全生命或光荣地牺牲;怎样从中捞一笔钱;怎样在军事系统中爬得更高,使生命更有保障;或怎样为结束战争做出贡献。总之,根据个人的价值,发现一种环境并在其中保全生命或更有意义地死亡。但是战争的结构性论题则与战争的原因有关;与战争把什么样的人匆忙推向领导职位有关;与它对经济、政治、家庭、宗教制度的作用有关,与民族国家所组成的世界中存在的无组织的不负责任有关。

再说说婚姻。在婚姻生活中,无论男人和女人,都会体验到个人的困扰,但当离婚比例达到婚后不满四年,每一千桩婚姻就有250桩解体时,就呈现出结构性论题的迹象,这个论题与婚姻制度、家庭制度以及其他与婚姻和家庭制度相联系的制度有关。

或者还可以看看大都市——可怕、美丑兼具、壮观拓展的大城市。对于许多上层阶级人士,解决"城市问题"的个人方法是在市中心拥有一间带私人车库的公寓,而在四十英里之外100英亩的私人领地上,拥有一座亨利·希尔设计的套房,加伦特·埃克白装点的花园。在这两个由他所控制的环境中(两边都有服务小组,且有直升飞机连接两头),大多数人都能够解决由城市的现状所引发的许多个人的问题。但所有这些再怎么体面,也不能解决由城市的结构性事实所引发的论题。该如何对付这个有点不可思议的怪物呢?把它整个分解为一个个分散的单元,而把住所和工作地合并起来?对之进行重新翻建?还是我们撤离出来,炸毁它,然后在新的地点根据新的计划建设新的城市?那么,这些计划应是些什么内容呢?由谁来做决定,当作出选择后,又由谁来实现它呢?这些都是结构性的论题;为了面对与处理它们,我们需要考虑影响了无数环境的政治与经济论题。

　　只要经济的计划程度太高,以至造成萧条,那么失业问题就不再能通过个人途径解决。在民族国家的体系和不平衡的世界工业化进程中,只要战争仍是固有的,那么不管有没有精神治疗的帮助,普通人在其有限的环境中是没有力量解决由体制或体制缺失所施加于身上的困扰的。家庭作为一种制度,只要它把妇女变成受宠爱的"小奴隶",而男子则成为她们主要的供养人和未断奶的依靠者,那么通过纯粹私人的途径始终无法解决实现美满婚姻的问题。只要过分发达的大都市和过分发展的小汽车还是过度发达社会的固有特征,那么个人才智和私有财产就解决不了城市生活的论题。

　　我已强调过,我们在各种特定环境中所经历的事情往往是由结构性的变化引起的。所以,要理解许多个人环境的变化,我们需要超越这些变化来看待它们。由于我们所置身的制度变得更为庞杂,彼此间的联系更为复杂,这种结构性的变化的数目和类型也在不断增加。要想对社会结构的观念有清楚的意识并敏锐地运用它,就要能在大量不同的环境中捕捉它们彼此间的联系。要想做到这样,我们就需要具备社会学的想象力。

三

　　在我们的时代,公众的主要论题是什么,个人的关键性困扰又是什么?要表述这些论题与困扰,借助描述我们这一时代的潮流，我们必须要问：什么价值是我们珍视的，但受到了威胁；什么价值是我们珍视的，并得到支持，无论是受到威胁的价值还是得到支持的价值，我们必须要问：其中可能包含结构中的什么突出矛盾？

当人们珍视某些价值而尚未感到它们受到威胁时，他们会体会到**幸福**；而当他们感到所珍视的价值**确实**被威胁时，他们便产生危机感——或是成为个人困扰，或是成为公众论题。如果所有这些价值似乎都受到了威胁，他们会感到恐慌，感到厄运当头。

但是，如果人们不知道他们珍视什么价值，也未感到什么威胁，这就是一种**漠然**的状态，如果对所有价值皆如此，则他们将变得麻木不仁。又如果，最终，他们不知什么是其珍视的价值，但仍明显地觉察到威胁，那就是一种**不安**、焦虑的体验，如其具有相当的总体性，则会导致完全难以言明的心神不安。

我们的时代是焦虑与淡漠的时代，但尚未以合适方式表述明确，以使理性和感受力发挥作用。人们往往只是感到处于困境，有说不清楚的焦虑，却不知用——根据价值和威胁来定义的——困扰来形容它；人们往往只是沮丧地觉得似乎一切都有点不对劲，但不能把它表达为明确的论题。哪些价值受到威胁以及什么在威胁这些价值，这些都未被表述出来，总之，它们还没有成为结论，更远远未被作为社会科学的问题而陈述出来。

在30年代，除了一些希望破灭的工商界人士认为存在经济问题之外，人们几乎没有多少困惑，而经济问题也只是一些个人困扰的堆积。在这些关于"资本主义的危机"的争论中，马克思的论述以及对他的著作未得正式承认的阐释或许规定了论题的主导论调,一些人开始用这些论调来理解他们个人的困扰。人们很容易发现哪些价值受到威胁,它们也被所有人珍视;而威胁它们的结构性矛盾也很容易发现。对这两种情形,人们的体验既深刻且广泛。那是个政治的时代。

但在第二次世界大战后,那些受到威胁的价值往往却既未被普遍承认为价值,亦未被普遍感受到威胁。许多个人的不安未被表述明确;许多公众的心神不安和具有重大的结构关联意义的决策从未成为公众论题。一些人接受了传承的价值,比如理性和自由,对他们来说,焦虑本身才是困扰,淡漠本身才是论题。这种焦虑和淡漠的处境,是我们时代的显著特征。

这一现象是如此引人注目,以至它常常被观察家解释为现在需予以阐明的问题类型已发生变化。我们常常被告知,我们时代的问题,甚至我们时代的危机,已经转移出外部的经济领域。现在,它们与个人生活质量有关联,这事实上还伴随一个疑问:是否不久将没什么东西能被恰当地称为个人生活。这些观察家所关心的,不是童工劳动而是漫画,不是贫困而是大众休闲。许多大的公众论题和私人困扰是根据"精神病学"来描述的——似乎往往是一种可怜而无用的努力,以避免现代社会大的论题与问题。这些描述似乎往往也仅依赖于对西方社会甚至只是美国的狭隘的兴趣,因而忽视了全人类的其他三分之二;这种描述还往往武断地把个人生活从宏观的制度中抽离出来,而生活正是在这些制度中表演的,有时,制度比童年时代的切身环境更严重地影响了个人生活。

例如,不考虑工作问题,甚至就不能阐述休闲问题。不从当代家庭与社会结构中新制度间的新关系里考察当代家庭的困境,就不能将漫画书之外的家庭困扰表述为问题。不了解不适应及淡漠在何种程度上形成了当代美国社会的社会风气和个人氛围,就不能将休闲及其日益贫乏理解为问题。在这种氛围中,不意识到进取心(它是一体化经济中人们工作生涯的一部分)的危机,就不能陈述和解决"个人生活"的问题。

正如精神分析学者所不断指出的,人们往往"越来越感到被来自自身内部而他们又不能确定的朦胧力量所驱使",但像厄内斯特·琼斯所断言的,说"人的主要敌人和危险源于其自身难以驾驭的野性和被禁锢的阴暗力量"是不确切的。相反,目前,"人的主要危险"在于当代社会本身不受约束的力量,这表现在社会中使人异化的生产方式,笼罩全社会的政治统治手段,国际的无政府状态,总之,对人的"天性"及其生活境况和目标的普遍改造。

社会科学家首要的政治与学术使命是搞清当代焦虑和淡漠的要素,在此,二者是一致的。这是其他文化工作者,包括物理学家和艺术家,一般意义上的知识界人士对他的核心要求。我相信,正是因为这个使命和这些要求,社会科学正在成为我们时代文化的共同尺度,社会学的想象力正在成为我们最需要的心智品质。

四

每个学术时代都会有某种反思类型趋于成为文化生活的共同尺度。现在,许多学术上的狂热不到一两年,在尚未冷静下来之前,就为新的狂热所代替。这种热情或许可以给文化活动增添一些佐料,但却没留下什么学术发展的痕迹。而诸如"牛顿物理学"或"达尔文生物学"的思维方式则不是如此。这些学术体系的影响远远超出了某个特定的思想和意象领域。根据它们或由它们导出的东西,无名学者和赶时髦的评论家们开始重新观察世界,重新阐述观点。

在现代,物理科学和生物学一直是西方社会严肃的反思和流行的形而上学的主要共同尺度。"实验法"成为人们接受的程序模式和学术可靠性的来源。学术的共同尺度的一个内在含义即是:人们借此来表达他们最为坚定的信念;而其他方式和反思类型则仿佛仅仅是逃避和晦涩的手段而已。

当然,共同尺度的流行并不意味着其他类型的思考或理解方式就不存在了。但它确实又意味着人们将把更多的学术兴趣转移到这一领域,在这一领域清晰地阐述它们,并且一旦如此阐述,则此类思考在某种程度上即使不是一种问题解决法,至少也是能实行的让人有所获益的途径。

我相信,社会学的想象力正成为文化生活的主要共同尺度和特征。这种心智品质可在社会科学和心理学中发现,但它远远超出了我们现在所知道的这些研究。就总体而言,个人及文化界获得这一品质的速度很慢,而且反应往往也较迟钝;许多社会科学家还不了解它。他们似乎不知道,对于他们也许可以做出的一流研究,这种想象力的运用非常关键,并且也不知道由于不能培养和运用这种想象力,他们也无法满足渐渐要求于他们的文化期待,完成他们学科中的经典传统使其本能实现的文化期待。

在对事实和道德的关注中,在文学作品和政治分析中,却经常需要运用这种想象力。在大量的表述中,它们已成为学术探究和文化理解的核心特征。和严肃的新闻工作者一样,主导潮流的批评家们也表现出这些品质。事实上,二者的工作亦往往据此来评判。现在,流行的批评范畴,比如高雅的、中庸的和低俗的,其中社会学的成分至少和美学一样多。小说家们的严肃著作体现了对人类现实的最广为人知的界定,他们通常具备这种想象力,并为实现它的要求,做了大量工作。通过它,人们由此发现了历史与现实间的走向。由于"人性"的概念变得更成问题,人们觉得愈发需要对社会惯例和暴露(并影响)了当代民间躁动和意识形态冲突的大变动给予更密切也更富想象力的关注。尽管人们运用社会学的想象力的努力常表明它是个时髦玩意,但它并非仅是如此而已。它是一种心智品质,它似乎能戏剧性地让我们理解我们周围的现实与更宏观的社会现实间的联系。它不只是当代文化理解范围内的心智品质之一,对它更广泛更巧妙的应用提供了一个前景:即所有这些理解力,事实上,即人类理性本身将在人类事务中发挥更大作用。

原来的主要共同尺度,即物理学的文化涵义更加受人怀疑了。许多人认为,物理学作为一种学术风格,在某种程度上是不充分的。当然,科学风格的思考与感知、想象与理解的完整性从一开始就受到宗教的质疑和神学家的辩难;但科学前辈们成功地反击了这些宗教质疑。而现在的怀疑则是世俗的、人文主义的,这两种怀疑往往还互有交织。物理学最近获得了发展,氢弹的出现以及运载它环绕地球的手段使物理学在技术上达到高峰,但是对于那些为领域更广的学术界和文化界所熟知并深刻思考的问题,人们并不认为它可作为解答。这些发展,人们正确地视之为高度的专业分工的结果,但又不甚妥当地觉得它们非常神奇。它们所引发的学术和道德问题比它们所解决的问题更多,由之引发的问题几乎全在于社会领域而非物理学问题中。发达社会中的人感到征服自然、战胜贫困的过程显然已经基本上结束了。目前,在这些社会,人们感到,主要的征服手段——科学失去了方向,没有了限制,需要对之重新评估。

当代对科学的尊重,很久以来只是一种不假思索的态度而已,但现在,技术的精神气质和与科学相联系的工程想象力更可能是令人恐惧和含义暧昧的,而非充满希望和进步的。当然,这并非科学的全部意涵,但是人们害怕它会成为科学的全部,人们感到需要重新评估物理科学,这反映了对新的共同尺度的需要。正是科学的人文涵义和社会角色,它所引起的军事与商业问题,它的政治意涵,在经受众说纷纭的重新评价。军备科学的进展可能将导致重组世界政治秩序的"迫切需要",但人们并不觉得物理学本身可以解决这些问题。

现在,人们感到许多标榜为"科学"的东西其实是暧昧的哲学,被认为是"真正的科学"的东西也往往仅给出了人们生活的世界中各种现实的杂乱无章的碎片。人们普遍感到,科学的人,不再努力将现实描述为一个整体或勾画人类命运的真实轮廓。而且,"科学"对许多人来说,不大像是充满创造力的精神气质和作出取向的方式,倒更像是一整套"科学机器",由技师操纵,由经济学家和军人控制,这些人既不代表也不理解作为时代精神气质和取向的科学。同时,以科学名义说话的哲学家们往往将它改造为"科学主义",企图将科学的体验等同于人的体验,并声称只有通过科学方法,才可以解决生活的问题。这个现象使许多文化工作者开始感到科学是一个骗人的、虚假的救世主,至少也是现代文明的一个非常暧昧的因素。

但根据C. P. 斯诺的说法,存在着"两种文化":科学的文化和人文的文化。无论是作为历史还是戏剧,作为传记、诗歌还是小说,人文文化的精华一直是文学。但目前,却常有迹象表明,严肃文学在许多方面正成为次要的艺术。倘若真是如此,那么这不仅仅是因为群众阶层的扩大和大众传媒的发展,以及这一切给严肃文学的创作带来的必然后果。除此之外,原因还在于当代历史的特性和具有鉴赏力的人觉得需要通过什么来掌握历史的特性。

何种小说,何种新闻报道,何种艺术尝试能比得上当代的历史现实和政治事实?哪个戏剧中的地狱景象能比得上20世纪的一次次战争?什么样的道德谴责足以衡量处于原始积累的创痛中的人们的道德麻木?人们想了解的是社会与历史的真相,而他们往往发现通过当代文学不足以求得真相。他们渴望事实,找寻其中的意义,他们想得到可信的"大画面",在其中,他们能逐步理解自己。他们还想获得能使他们作出取向的价值和恰当的感知方式、情绪类型和描述动机的词汇。但这些东西,在当代文学作品中却不易发现。这些特质在当代文学作品中**是否被**发现并不重要,重要的是人们常常不能在其中发现它们。

从前,作为批评家和历史学家,文学家们在往英国和美国的旅途中要做笔记。他们将社会作为一个整体来描述,并发现其中的道德涵义。假如托克维尔或泰纳还在世,难道他们不会成为社会学家?针对这个问题,一位《泰晤士报》的评论员写道:

> 泰纳总是把人基本上看作社会动物,把社会看作群体的结合体,他具有缜密的观察力,是个孜孜不倦的田野

工作者,并具有一种品质……它对理解社会现象的联系尤为重要——这便是灵气。他对现实太感兴趣,以至没成为一个优秀的历史学家,他太是一个理论家,以至不能一试身手当个小说家,他太将文学当作一定国家或时期文化的记录,以至不能成为一流的批评家……他论述英国文学的作品与其说是关于英国文学的,不如说是对英国社会道德风尚的评论和传播自己的实证主义的手段。他首先是一名社会理论家,而非其他。[1]

但他仍是"文人"而非"社会科学家"的事实或许表明,19世纪的社会科学家大多为一种寻求法则的热情所支配,这种法则据认为可与他们设想由自然科学家发现的法则相比照。在完整而合适的社会科学尚未出现的情况下,批评家和小说家,剧作家和诗人成为主要的而且往往也是惟一的对私人困扰乃至公众论题的描述者。艺术确实在表达这些感情并经常凸显它们——其最高成就是戏剧的敏锐观察,但它尚不具备学术的清晰性,而今天,要理解或解除这些困扰及论题正需要这种学术的清晰性。如果人类想克服焦虑、淡漠以及由它们导致的种种难以解决的困扰,他们就必须直面这些包含种种困扰和论题的问题,不过,艺术没有也不能将感情表达为这样的问题。实际上,艺术家往往也没有做这样的努力。更何况,严肃的艺术家自身也处于许多困扰之中,他们可以从由于社会学的想象力而变得生气勃勃的社会科学中得到大量的学术和文化的帮助。

五

我写本书的目的是:确立社会科学对于我们时代的文化

使命所具有的文化涵义。我想具体说明促成社会学的想象力的各种努力；表明它与政治和文化生活的密切关系；或许也暗示出一些要想拥有它所必需的东西。我想以这些方式揭示当代社会科学的本质及其应用，并以有限的篇幅记述它们目前在美国的处境。[2]

当然，在任何时候，"社会科学"都是名正言顺的社会科学家从事的研究。但社会科学家们从事的研究却各不相同，而且实际上甚至不是同一类型的研究。社会科学也是原来的社会科学家所完成的工作，但不同的研究者在各自学科领域建构和恢复的是不同的传统。当我提及"社会科学的前景"时，我希望有一点是清楚的：我指的是我所看到的前景。

目前，在社会科学家中普遍存在着焦虑，对他们所选择的研究可能的走向的焦虑，这种焦虑既是学术性的也是道德上的。我以为这种焦虑和产生它的不祥趋势，是当代学术生活普遍性的心神不安的一个组成部分。但它也许在社会科学家中更为强烈，即使这仅是由以下原因引起：在他们的领域，指引许多早期的工作的那些前景，他们所研究的课题的性质和当前对有重要意义的研究的迫切需要。

不是所有的人都分担这种焦虑，但许多人没有焦虑这个事实本身，却是导致这样一些人更为焦虑的原因，他们谨记着社会科学的前景，并坦然承认目前许多研究不过是矫饰的平庸之作。坦率地说，我希望能不断增加这种焦虑，确定它的一些来源，帮着把它转化为实现社会科学的前景的具体推进力，为新的开始扫清道路：总之，指明手中的任务和完成现在必须要做的工作的可行的途径。

我所怀有的对社会科学的理解近期尚未占据优势。我的理解反对把社会科学当作一套科层式的技术手段,这些手段以"方法论"自居,阻碍了社会调查;隐晦风格的概念强挤入社会科学的研究;或是关注与公众论题不相关的次要问题而使社会科学显得琐碎不堪。这些阻碍因素、令人费解的东西和琐细之物产生了当前社会研究的危机,却几乎没有指出摆脱危机的道路。

有些社会科学家强调需要"技术专家研究小组",另一些则强调需要把学者的个人性置于首位。有些人花费大量的精力去完善调查的方法和技巧;另一些则认为学术巧匠的治学方法正在被遗弃,现在应该使之复兴。有些人的研究遵循一套死板严格的机械步骤;另一些则力图发展、引进和运用社会学的想象力。有些人沉迷于"理论"的高度形式主义中,用一些其他人看上去奇怪的方式组合与分解概念;而后面这些其他人只是在术语能扩大理解力的领域,有利于深化推理时才详细阐明术语。有些人只狭隘地研究小规模的环境,希望能"逐步建立"对更大规模结构的理解;另一些则观察社会结构,试图在其中"定位"许多更微观的环境。有些人完全忽略了比较研究,只研究一定时期一定社会中的小型社区;另一些则用全面比较的方式,直接研究世界上各民族社会的结构。有些人把自己琐细的研究局限于非常短序列的人类事务;另一些则只关注在长远的历史视野中凸显出来的论题。有些人根据学术分科来确定他们的工作,另一些则依靠所有学科,根据一定主题或问题来确定工作,而不考虑它们属于哪个学术分科领域。有些人同时处理各种各样的历史、生平和社会;另一些则不这样。

上述及其他类似的对立,并不一定只有一方正确;尽管它们往往不是处于如同政客间的热烈争论之中,就是处于专业化这种让人懈怠的保护之中。在这里我只是以一个不太成熟的形式来表述它们,在本书末尾,我会再回到这一点。当然,我希望我的偏向将会表达出来,因为我认为判断应该是明确的。但我也尽量不根据个人的判断来阐述社会科学的文化和政治涵义。我的偏向与我将要考察的那些偏向,都是偏向。让那些不喜欢我的倾向的人拒绝我的偏向,使他们自己的偏向能像我将尽力阐明的我的偏向一样明白,一样得到承认吧!这样,社会研究中的道德问题,即作为一项公众论题的社会科学问题,将被人们认识,并有可能被他们讨论。这样,人们在各方面将更为自觉;这当然是整个社会科学事业的客观性形成的前提条件。

概略言之,我相信所谓经典的社会分析是可以定义、可以应用的一套传统;相信它的基本特征是关注历史中的社会结构;而且它的问题是与紧迫的公众论题和持续的人类困扰直接关联的。我也相信在目前的社会科学及其学术与政治环境中,这一传统的延续面临巨大的阻碍。但是形成这一传统的诸多心智品质正在成为当代全部文化生活的共同尺度,而且,不管它们多么含糊不清,处于多么令人困惑的种种虚饰之中,它们正被人们感到是一种需要。

许多从事社会科学的人,尤其是在美国的实际工作者,好像不愿接受目前自身所面临的挑战,这颇为奇怪。事实上,许多人放弃了社会分析的学术与政治使命;其他人则毫无疑问,完全不能胜任仍然要分派给他们的角色。有时,他们显得几乎是谨小慎微地提出老掉牙的计策,可又导致新的怯缩。不过,尽管有这种不愿意,现在,学术与公众的注意力是如此明显地集中于他们据称要研究的社会世界,以至必须承认,惟有他们面临一个机遇。而社会科学的学术前景,社会学的想象力在文化上的应用和人与社会研究的政治涵义将在此机遇中得到揭示。

六

对一个声明自己是社会学家的人来说,如下事实可真够尴尬:我将在下面各章中思考的所有不祥的趋势(可能会有某个例外)都落入一般被认为是"社会学的领域",尽管毫无疑问,这些趋势隐含在文化与政治上的退弃也代表了其他社会科学的大量日常研究。无论在诸如政治学和经济学、历史学和人类学等等学科中实情如何,在今日的美国,显而易见的是:被人们认为是"社会学"的那些东西已成为对社会科学反思的中心。它已成为对方法的兴趣的中心,在其中,人们还可发现对"一般性理论"的最极端的兴趣。极其丰富多彩的学术研究已融入社会学传统的发展之中。把这些丰富的研究解释为一个传统本身有点鲁莽。但下面的观点可能会得到普遍承认:目前被认为是社会学的那些研究工作有如下三个总体的发展方向,每个方向都易遭扭曲,甚至走火入魔。

第一个趋势:倾向于一种历史理论。例如,在孔德以及马克思、斯宾塞和韦伯那里,社会学是一种百科全书式的尝试,关注人类社会生活的全部。它同时是历史性和系统性的。所以是历史性的,是因为它处理和用到有关过去的材料;所以是系统性的,是因为它如此做的目的是发现历史发展过程中的

"各个阶段"和社会生活的规律性。

关于人类历史的理论很容易偏向于使人类历史的材料被强迫套入超越历史的紧身衣,而从这紧身衣中又跑出来对未来的先知性的观点(往往都是悲观的)。阿诺德·汤因比和奥斯瓦尔德·斯宾格勒的著作是人们熟知的例子。

第二个趋势:倾向于关于"人与社会的本质"的系统性理论。例如,在形式主义者的著作中,突出的有齐美尔和冯·维泽*的著作,社会学开始被设想为用于划分一切社会关系和洞察它们假设的普遍一致的特征。总之,形式主义的观点在过高的总体性层次上理解社会结构的组成部分,过于静态和抽象。

也许作为对第一个趋势偏向的反应,在此历史被完全抛弃了;人与社会的本质的系统性理论太容易成为一种精致却毫无生气的形式主义,对概念的分解和无休止的重新组合成为这样的形式主义努力的中心点。在我称之为宏大理论家的人中,观念确实已变成了概念。塔尔科特·帕森斯的著作是美国社会学在当代的首要代表。

第三个趋势:倾向于对当代社会事实和问题的经验研究。虽然直到1914年左右,孔德和斯宾塞一直是美国社会科学的主要支柱,而且德国理论的影响也很大,经验调查却很早就在美国占据中心地位,这部分是由于经济学和政治学的学科设置早于社会学。在此情况下,只要社会学被定义为对一些社会专门领域的研究,它就很容易成为社会科学中一个打零工的人,包容了对学术剩余物的形形色色的研究。其中有城市和家

---

* 冯·维泽(Leopold Von Wiese, 1876—1936),德国社会学家。关系社会学、形式社会学的创建人。——译者注

庭研究,种族关系研究,当然,还有"小群体"研究。正如我们即将看到的,造成的这种大杂烩被转化为一种思考类型,我将用"自由主义实践性"(1iberal praeticality)这一术语来考察它。

对当代事实的研究很容易变成对一定环境中各个互不相关也不大重要的事实的罗列。美国社会学界的许多论文显出了这种迹象;或许关于社会解组的教科书最为明显地暴露了这个缺陷。而另一方面,社会学家趋于成为调查所有事物方法的专家;在他们中间,方法已变成了**方法论**。乔治·伦德伯格、萨缪尔·斯托弗、斯图亚特·多德、保尔·拉扎斯菲尔德的许多著作,以及其中蕴含的精神气质,是目前的例子。这些趋势同声相应地为了方法而发展方法,尽管它们并不一定同时出现。

社会学的独特性可被理解为是对这几种传统趋势的偏离。但它的前景也许仍要通过这些趋势来理解。今天,在美国已出现了一种希腊风格的综合,它包含了来源于西方不同社会的社会学的各种元素和目标。其危险是在这种社会学的繁荣中,其他社会科学家会丧失耐心,而社会学家也会如此忙于"研究"以至丢掉了真正宝贵的遗产。但在我们的处境中仍有一个机会:社会学的传统完整地载负了整个社会科学的前景,并部分地实现了它。修社会学的学生可在这些传统中发现其中种种妙义与启迪,而对它们无法用三言两语作一勾勒。不过,掌握其中妙处的社会科学家将会得到丰厚回报。一旦掌握它们,他将很容易重新确定自己在社会科学领域中的工作方向。

在考察完社会科学久而成习的偏向之后(第二章到第六章),我将重新回到它的前景上来(第七章到第十章)。

注释

1 Times Literary Supplement, 15 November 1957.
2 我觉得需要说明的是：与"社会科学"相比，我更远远喜欢"社会研究"这个术语——这并非因为我不喜欢物理学家（相反，我很喜欢它），而是因为"科学"这个词已获得巨大的特权并且含义很不明确。我觉得根本不必把它作为一个哲学意义上的比喻来使用，以抬高它的声誉或让它的含义更不明确。但我怀疑如果写下"社会研究"，读者将只想到高中的公民课，在所有人类知识领域中，它是我最想避免与之发生联系的东西。完全不可能有"行为科学"；我猜测，人们捏造出它，是把它作为一种宣传工具，以便从把"社会科学"和"社会主义"混同起来的基金会和国会议员们手中得到社会考察的资金。最好的术语应包括历史（和心理学，只要它还关注人类）并应该尽可能不引起争议；这是因为，我们应该运用术语来辩论，而非就这些术语进行论战。也许"人文学科"是这样的术语，能达到这一要求。不过不要紧。由于不希望引起广泛的误解，我不免于俗，使用更标准的"社会科学"。

还有一点，我希望我的同事们能接受"社会学的想象力"这一术语。读过我手稿的政治学家建议应有"政治学的想象力"，而人类学家则建议应有"人类学的想象力"，等等。术语没有思想重要。我希望本书能使思想得到阐明。在运用这一术语时，我当然并非仅仅暗指大学课程中的"社会学"。对我来说，这一提法的许多含义根本不是由社会学家所表达的。例如，在英国，社会学作为一个学科，在某种程度上仍处于边缘地位。但在许多英国新闻评论、小说以及（最为突出的）历史著作中，社会学的想象力有很好的发展。法国的情况也差不多：二战以来，法国反思性思想的迷乱与大胆依赖于对我们时代人的命运的社会学方面特征的感受；但这些潮流是由作家而非专业的社会学家推动的。不过，我仍采用"社会学的想象力"，这是因为：（1）所谓三句话不离本行，无论如何，我是个社会学家；（2）我的确相信，历史地看，经典的社会学家比其他社会科学家更多也更生动地表现了这一心智品质；（3）鉴于我将批判地考察许多过于精细的社会学流派，所以，我需要依据一个反对性的术语。

第二章　宏大理论

首先,看一个宏大理论的例子,它取自塔尔科特·帕森斯的《社会系统》,人们一般认为,帕森斯是宏大理论的最突出代表,而该书是帕森斯著作中最为重要的作品。

  共享的符合系统中的这样一个因素或可称之为价值,它可作为在不同取向(环境中本身存在这些取向可供人们选择)中作出选择的判据或标准。……但根据符号系统所发挥的作用,我们有必要在行动整体中区分动机取向方面和价值取向方面。"价值取向"方面不关心事情的所期望状态(根据满足—剥夺的平衡)对行动者的意义,而关心选择标准本身。从这一意义上来说,价值取向的概念是一种逻辑上的工具,用于阐述融入行动系统中的各种文化传统之关联的核心特征。
  根据以上所述的规范性取向的由来和价值在行动中扮演的角色,所有的价值都包含可被称为社会参照的东西……行动系统的一个内在特性便是行动乃是——用个术语表达——"规范性取向的"。而正如我所表示的,这一点来源于与期望有关的概念及其在行动理论中的地位,尤其是在行动者追求目标的"行动"(active)阶段时的地位。从而,期望,与人们称为互动过程中的"双重偶变性"(double contingency)相结合,形成了具有决定性意义的必要的秩序问题。在这个秩序问题中,也许可以区分出两个方面,使交往成为可能的符号系统中的秩序,以及动机取向与期望的规范性方面的互补关系之中的秩序,即"霍布斯式"的秩序问题。

因此,秩序问题,从而稳定的社会互动系统——即社会结构——整合的本质,集中于行动者的动机与规范的文化标准间的整合,在我们的人际情境之中,这些文化标准把行动系统整合起来。根据前一章所用的术语,这些标准是价值取向的模式,并由此成为社会系统的文化传统中一个尤为重要的部分。[1]

可能有些读者到此想翻到下一章去;我希望他们能控制住这种冲动。宏大理论——概念的组合和分解——非常值得研究。的确,它的影响还没有像下一章将要考察的方法论上的抑制一样重要,因为作为一种研究风格,它的流传还很有限,事实上,是它不容易被理解,人们也怀疑它不可能被完全理解,当然,这是一个有利的保护性因素,但如果它的宣传打算影响社会科学家的研究习惯,那这可就是个不利因素了。我们必须承认已经有一些社会科学家以下述一种或多种方式吸取了它的成果,这不是开玩笑而是报道事实:

至少,对某些声称理解了它并且喜欢它的人来说,它是整个社会科学史上最大的进展之一。

对许多声称理解它但并不喜欢它的人来说,它是许多毫不相干的沉闷乏味的东西的生硬堆积。(这些人很少见,即使只是因为讨厌和不耐烦使得许多人懒得把它搞清楚。）

对那些未声称理解它可却非常喜欢它的人——这种人有很多——来说，它是个奇妙的迷宫；恰恰由于它往往非常难以理解，所以令人神魂颠倒。

而那些既不声称理解它也不喜欢它的人——如果他们还有勇气保持确信——会觉得它其实只是皇帝的新衣。

当然，还有许多人在修正他们的看法，更多的人则耐心地保持中立，等着看到它在专业上产生影响——如果真会有什么影响的话。不过，尽管它很可能是个令人敬而远之的思想，但甚至还有许多社会科学家除了把它当成声名狼藉的道听途说，对它一无所知。

所有这些都触及一个痛处，即可理解性。当然，这一点已超出了宏大理论，[2] 但宏大理论家们如此深入地卷入该问题，以至我们恐怕真的要问：宏大理论不过是混乱不堪的繁文冗词还是其中终究还有一些东西？我认为，答案是：是有些东西，当然隐埋得很深，不过总是说了点东西。因而问题变成：当从宏大理论中排除掉所有妨碍理解其意义的东西，能够看到可以理解的内容之后，那么，它说了些什么呢？

一

只有一个途径来回答这个问题：我们必须先对这一思想风格中的一个主要例子进行转述，然后再来看这个转述。我已经在上文提出了我所选择的例子。现在，我想表明，在此我不想对帕森斯的研究进行总体评价。如果我参照了他所写的其他书，那只是为了以一种简练的方式澄清在《社会系统》一书中所包含的某个论点。在把《社会系统》的内容转述为英文时,我不敢伪称自己的转述很优秀,只想说在我的转述中,没有遗漏掉任何明确的含义,我保证这个转述涵盖了书中所有可被理解的内容。尤其是,我将力图根据词语的定义和各个定义在词语层面上的联系梳理有实质内容的陈述。这两者都很重要;混淆它们将把内容搅得一塌糊涂。为了突出必要的部分,我将首先转述几段话;然后再给出整本书的两段简略转述。

本章开头所引述的例子可转述为:人们往往共享许多标准,并彼此期望坚持它们,如果他们这么做了,他们所在的社会将是有序的。(转述完毕)

帕森斯写道:

还存在这样一种"对应相合"的双重结构。一方面,通过标准的内化,服从它会对自我具有个人的、表意性的以及(或者)工具性的重要意义。另一方面,他我会把自我的行动作为约束,建构他我的这些反应,是自我对标准服从的一个功能。所以,作为满足自己的需要倾向的一个直接方式,自我的服从与其他人的服从趋于一致,成为获取他人支持性反应与避免他人不利性反应的条件。如果,与很多行动者的行动相关联,对某一价值取向标准的服从满足了这两个尺度,那么,在系统中任何一个给定行动者看来,这个服从既是满足他自己需要倾向的方式,也是"优化"其他有影响力行动者的反应的条件,那么,这个标准就可以说被"制度化了"。

就此意义而言,价值模式总是在某个**互动**情境中被制度化。所以,期望系统总是有两方面内容,它们与期望相联系而整合到一起。一方面,存在某些期望,它们与行动者或自我的行为有关,并部分地设定了行为的标准,而这个行动者或自我也被看作是一个参照点;这些是他的"角色期望"。另一方面,在他看来还有一套期望与他人(他我)不太确定的可能反应有关——这些期望被称为"约束",而根据它们被自我感觉为是促进满足还是剥夺满足,又可将之分解为正面约束和负面约束。从而,角色期望和约束之间的关系显然是互补性的。对自我而言是约束的东西,对他我而言则是角色期望,反之亦然。

于是,根据与一定互动情境有关的期望,组织而成一个个体行动者的取向系统,而角色则是这一系统中的一部分,它与一套特定的价值标准相整合,这套标准又在互补性角色中左右了自我与一个或多个他我的互动。这些他我不一定是一组特定个人,可以包含任何一个他我,——一旦他我与自我发生了互补性互动关系的话(参照共同的价值取向标准,这种互动关系中含有不同期望的互给性)。

角色期望的制度化,以及与之相应的约束的制度化,显然有个程度问题。这个程度是两套变量的功能:其一,是那些实际影响人们共享价值取向模式的变量,其二,是决定了人们动机取向或承诺满足相关期望的变量。我们将看到,通过这两个渠道,有许多因素可以影响这种制度化的程度。不过,还存在与完全制度化对立的一极,即失范,它是指互动过程中,缺乏结构化的互补性,或者换句话说,(就上述两套变量意义而言)规范性秩序的彻底破坏。不过,它是个有局限的概念,还没有那个具体社会达到它所描述的地步。正是由于制度化的程度不同,所以失范的程度也有不同。这二者互为对立。

对于正被讨论的社会系统,制度化了的角色整合可以影响全局,影响整个结构,可以说**制度就**是这些角色整合的复合体。我们应该把制度视为社会结构中比角色层次更高的秩序单元,实际上,它是由许多相互依赖的角色模式或角色模式的组成部分构成的复合体。[3]

或者用其他话来讲: 人们行动,彼此相互支持或反对。每个人都考虑其他人在期望什么。当这些互有的期望足够确定与持久,我们就称之为标准。每个人还期望他人对他所做的事予以反应。我们称这些被期望的反应为约束。有些反应似乎非常令人满意,有些则不是。当人们由标准和约束指引时,我们可以说他们在一起扮演角色。这是个方便性的比喻。事实上我们称之为制度的东西最好定义为一套差不多较为固定的角色。当在某个制度中,或者由这些制度所组成的整个社会中,标准和约束不再控制人们,那么,按涂尔干的说法,我们可以说出现了失范。从而,在一头是制度,标准和约束都是和谐而有序的,在另一头,则是失范:如同叶芝所说,中心不再稳固;或者如我所说,规范性秩序已经被破坏了。(转述结束)

我必须承认,在这个转述中,我并不是完全忠实于原文;而是又稍微发挥了一下,因为它们是非常好的思想。事实上,宏大理论家们的许多思想,被转述过之后,都差不多是可在许多社会学教科书中见到的标准思想。但是如果联系到"制度",上面所给的定义却不是很完整。对于这个转述,我们必须加上,构成制度的各种角色通常并不只是一大团"共享期望"的

"互补性"。你曾去过军队、工厂或家庭吗？好吧，那些都是制度，在它们之中，某些人的期望似乎比其他人更需要满足。如我们所说的，这是因为他们有更多的权力。或者用社会学味更浓的话来说，尽管它还不完全是社会学的：制度是按权威分等级的一套角色。

帕森斯写道：

  从动机上考虑，人们对共同价值的依附表明，在支持价值模式方面，行动者有共同的"情感"，这些共同"情感"可被定义为它们表明了：人们把对相关期望的服从看作是一件"好事情"，而这件"好事情"却相对独立于可以从这种服从中获得的任何具体的工具性"有利条件"——比如说，避免了负面约束。而且，这种对共同价值的依附，尽管它可能与行动者很切近的满足性需求相适应，总是还具有"道德"的方面，因为在一定程度上，这种服从规定了行动者在他参与其中的更广大的社会行动系统中所担负的"责任"。显然，责任的集中点，乃是由人们的共同价值取向所形成的集体性。

  最后，很明显，在其所处的具体结构中，支持这些共同价值的"情感"一般并不是有机体各种先天生理习性的明确表现。总体而言，它们是学习来的或习得的。而且，它们在行动取向中所发挥的作用，主要并不是成为被认知并被"适应"的文化客体，而是成为开始被内化的文化模式；它们构成了行动者本人个性系统结构中的一部分。因而，如人所言，这些情感或"价值态度"是个性中纯粹的需要倾向。只有通过内化制度化了的价值，才会在社会结构中产生行为动机的真正整合,才得以驾驭"更深"层次的动机,以满足角色期望。只有这种情况经常发生时,才有可能说一个社会系统是高度整合的,集体利益和它组成成员的私人利益达成了一致。

我们应该认为完全的一致性是个几乎不可能的情况,就像人们都知道不可能存在没有摩擦的机器。虽然还没在经验上发现一个社会系统中动机的完全整合(它具有一套完全协调一致的文化模式),但是这么一个把社会系统整合起来的观念,仍具有很重要的理论意义。(此段为帕森斯的脚注。——米尔斯)

人们的不同个性组成了被内化的需要倾向结构,把此结构与一套共同的价值模式相整合,这是社会系统动态过程的核心现象。除了那些转瞬即逝的互动过程之外,任何社会系统的稳定性都要依赖于这种整合的程度,可以说这是社会学中具根本性的动态定律。对于所有声称为是对社会过程的动态分析,它都是个主要的参照点。[4]

或者用其他话来讲:当人们共享相同的价值时,他们趋向于依照他们所期望于其他人行动的方式来行动。而且,他们往往把这种服从看成一件非常好的事情——甚至在它似乎违背了他们切近的利益之时。这些共享的价值是习得的而不是遗传而来的,这一点并没使它们在人类动机中就显得不那么重要了。相反,它们成为人格本身的一部分。正由于这样,它们把社会联结到一块,因为被社会所期望的东西成了个人所需要的。对任何一个社会系统的稳定性来说,这一点是如此重要,以至如果我要分析我所持续关心的某个社会的话,将把它

作为我主要的出发点。(转述结束)

我估计,用类似方式,你可以把555页的《社会系统》转述为150页左右的简明英语。这个转述本不会给人很深刻的印象。但是,在这个转述中,原书中的关键问题以及原书所提出的对问题的解答得到了非常清晰的陈述。任何思想,任何书当然都是既可以用一句话,也可以用20卷书表达出来。这是一个说明某个东西需要用多么全面的陈述,以及这个东西显得有多么重要的问题:它能让我们理解多少经历,它能让我们解决,或至少是陈述的问题范围有多大。

例如,我们可以用两三句话表达出帕森斯的这本书:"我们被问及:社会秩序怎样成为可能?我们所给的答案似乎是:被共同接受的价值。"这表达了书中所有内容了吗?当然没有,但这是它主要的论点。可是这么做难道公平?难道所有书都能用这样的方式对待?当然如此。我自己写过的一本书,在此用这种方式处理是:"'那究竟是谁在操纵美国?'没有人完全操纵它,但如果说有哪个群体这么做了,它是权力精英。"*你手中正拿着的这本书,用这种方式处理是:"社会科学研究什么?它们应该是研究人和社会,有时,它们确实如此。它们是帮助我们理解个人生活历程与历史,以及二者在不同社会结构中的结合的各种努力。"

这里,用四段话来转述帕森斯的整本书:

让我们来想象某个东西,我们可称之为"社会系统",在其

---

* 这里指的是米尔斯所著的《权力精英》一书。*The Power Elite*, New York, Oxford University Press, 1956。——译者注

中，个人彼此参照，进行行动。这些行动往往是非常有序的，因为个人在系统中共享价值标准，共享以得体、实用的方式行为的标准。这些标准有的可称之为规范，那些依照规范行为的人在相似情况下趋于作出相似的行动。如果真是这样，那就出现了"社会规律性"，我们可以观察到它们，而且它们往往是非常持久的。我把像这样持久且稳定的规律性称为"结构性的"。也许可以把社会系统中所有这些规律性看作是一个巨大而错综复杂的平衡。可我现在打算忘掉这个比喻。因为我想让你把我的**概念**：社会均衡看作真实之物。

主要有两个方式来维持社会均衡，一旦其中之一或二者都无效，则会造成失衡。第一个方式是"社会化"，指的是把一个新出生的个体培养为社会人的所有方式。社会对人的这种培养部分地在于让他们习得采取社会行动的动机，而这些社会行动是为他人所要求或期望的。另一个方式是"社会控制"，我指的是让人们循规蹈矩以及他们让自己循规蹈矩的所有方式。当然，对于"规矩"，我指的是在社会系统中一般被期望或约束的任何什么行动。

维持社会均衡的第一个问题是让人们想去做那些要求和期望他们去做的事情。如果这个没成功，第二个问题是采取其他手段让他们循规蹈矩。马克斯·韦伯已经给出了对这些社会控制的最好的分类和定义，他和以后的一些作者已经说得很充分了，我没什么东西可补充。

而确实让我有点迷惑的问题是：当社会均衡存在，以及与之匹配的社会化和控制手段都齐全时，怎么还有人不守规矩？根据我的社会系统的系统性和一般性理论，我对此不能很好地解释，还有一个问题还不是像我所想要的那样清楚：我应该如

何解释社会变迁,也就是说,历史呢?对这两个问题,我建议你无论什么时候碰到它们,都要进行经验调查。(转述结束)

这可能已经足够了。当然我们还可能转述得更全面些,但是"更全面"并不一定意味着"更充分",请读者亲自读读《社会系统》,并从中发现更多的内容。而与此同时,我们还有三个任务:第一,总结宏大理论所表现出的思考的逻辑风格的特征;第二,阐明在这一特定例子中包含的某种一般性的混乱;第三,表明现在大多数社会科学家是怎样提出并解决帕森斯的秩序问题的。所有这些东西,我的目的都是帮助宏大理论家从毫无实际意义的空中楼阁走下来。

二

社会科学家彼此间正儿八经的区别并不是出现于那些只观察而不思考或只思考却不观察的人之间;他们的区别更与思考什么、观察什么以及——如果存在的话——思考与观察的联结是什么有关。

宏大理论的基本起因是开始思考的层次太一般化,以至它的实践者们无法合乎逻辑地回落到观察上来。作为宏大理论家,他们从来没有从更高的一般性回落到在他们所处的历史的、结构性的情境中存在的问题。由于对真正的问题缺乏踏实感受,他们的文章的不现实性非常显著。这样所产生的一个特征是:在我们看来,对细节进行随意的、无休止的修饰,它既不能增进我们的理解,也不能使我们的体验更易于感受。从而,这种情况暴露为他们在描述和解释人类行为和社会时,有时故意规避明白晓畅的行文。

当我们考虑一个词语代表什么时,我们涉及的是它的**语**

义学的一面；当我们在它与其他词的关系中考虑它时,我们涉及的是它的**句法学**的一面。⁵我所以引入这些简称,是因为它们简明准确地表达了如下论点：宏大理论在句法学上浑浑噩噩,对语义学也茫然无知。它的实践者们并不真正理解：当我们定义一个词语时,我们只是欢迎其他人以我们所喜欢的它被运用的方式来运用它；定义的目的是让争论能集中于事实上,好的定义的应有结果是把对术语的争论转变为对事实的不同看法,从而掀起进一步研究所需的争论。

宏大理论家们如此迷恋句法意义,对语义的关联性是如此缺乏想象力,他们又是如此呆板地局限于这么高层次的抽象,以至他们所构造出的"分类体系",以及他们构造这些分类体系的工作,往往更像是枯燥乏味的**概念游戏**,而不是努力系统性地,也就是用清楚而有序的方式定义手中的问题,并指引我们解决这些问题。

从宏大理论家研究中出现的系统性缺失之中,我们能学到的一个深刻教训是每一个自觉的思想家都必须始终了解,从而能够控制他所研究东西的抽象层次。轻松而有条不紊地在不同抽象层次间穿梭的能力,是一位富有想象力和系统性的思想家的显著标志。

围绕诸如"资本主义"、"中产阶级"、"科层制"、"权力精英"或"极权主义民主"之类的术语,常常有一些纷乱暧昧的隐含意义,在运用这些术语时,必须仔细地看到和控制这些隐含意义。围绕这些术语,常常有几套复合的事实与关系,以及仅仅是猜测性的因素和观察。在我们的定义及对它的使用中,这些隐含意义也必须被仔细地整理分类并予以明确。

要想阐明这些观念的句法和语义的维度,我们必须了解在每一个观念之下所存在的特殊性的等级,我们必须对这个等级的所有层次加以考虑。我们必须问:对于"资本主义",我们打算使用它时,只是意味着所有的生产手段都由私人占有的事实?或者,还想包含该术语下更进一步的思想,即把自由市场看作价格、工资和利润的决定机制?我们被授权到何种程度来假设,通过定义,该术语包含了对政治秩序和经济制度的断言?

我以为,这些心智习惯是形成系统性思考的关键,而不具备它则是形成对**概念**的拜物教的关键原因。我们现在更为具体地考虑帕森斯著作中出现的一个重大混乱,这或许会使这种缺失所造成的后果更为明显。

三

在声称提出了"一个一般性的社会学理论"时,宏大理论家们实际上是在构造一个概念王国,这个概念王国排除了人类社会的许多结构性方面,排除了被人们长期以来正确认识为理解人类社会必不可少的方面。表面上,这个概念王国是用心良苦的,让社会学家的关注点成为专门化的领域,与经济学家和政治学家的有所区别。根据帕森斯的说法,社会学涉及"社会系统理论中这么一个方面,在制度化条件下,它与社会系统中价值取向模式的制度化现象有关;它与这些模式变化的现象有关,它们在对这些模式的服从与偏离中出现,并带有动机过程,如果这些动机过程也介入了所有这些服从与偏离的话"。[6] 对这段话进行转述,除去假设,就像任何一个定义应该的那样,即:我这种类型的社会科学家想研究人们想要的和珍视的东西。我们还想弄明白为什么有许多不同的价值,为什么它们又会变化。当我们确实发现了差不多形成一套单元的价值时,我们想弄明白为什么有些人服从它们,有些人却不。(转述结束)

正如洛克伍德所强调的[7],这样的陈述使社会学家脱离了与"权力"、与经济和政治制度的所有关系。我还要再深入一步。这个陈述,事实上,是帕森斯这本著作的所有内容,更相当多地涉及传统上称之为"合法性"的东西,而不是任何一种制度。我想,其结果是通过定义,把所有制度性结构转化为一种道德领域——或更准确地说,转化为已被称为"符号领域"的东西。[8]为使论点更明确,我想首先解释一下有关该领域的一些东西;然后讨论一下它所被断言的自主;最后,再讨论帕森斯的观念如何使即便是提出一些有关社会结构分析的重要问题也变得相当困难。

通过把权威与为人们广泛信仰的道德符号、神圣象征和法律准则相联系,那些掌握权威的人尽力证明他们对制度统治的正当性,好像这是个必然结果。这些核心观念或许指向一"神"或多"神":"服从多数"、"人民的意志"、"天才或财富至上的贵族政体"、"神圣王权"或统治者本人具有据称很非凡的禀赋。社会科学家追随韦伯,称这些观念为"合法性",或有时也称之为"正当化的符号"。

不同的思想家用不同的术语来指称它们:莫斯卡的"政治手段"或"伟大迷信",洛克的"主权原则",索雷尔的"统治神话",T·阿诺德的"民俗",韦伯的"合法性",涂尔干的"集体表象",马克思的"占统治地位的观念",卢梭的"公意",拉斯维尔的"权威符号",曼海姆的"意识形态",斯宾塞的"公共情感"——所有这些和其他类似术语证明这些支配符号在社会分析中居于中心位置。

类似地,在心理学分析中,当这些支配符号为私人所接受,则成为原因,往往还是动机,导致人们扮演角色,并约束他们对角色的扮演。例如,如果根据这些支配符号,经济制度被公开证明是,那么自利指向或许是可以接受的个人行为的正当理由。但如果公众觉得有必要根据"公众服务和信任"来证明这些制度,那么原有的自利动机和理由将导致资本家产生罪感或至少是焦虑。有公众影响的合法性往往也必然成为个人动机,发挥影响。

现在,帕森斯和其他宏大理论家称为"价值取向"和"规范性结构"的东西主要与合法性的支配符号有关。确实,这是个实用重要的主题。符号与制度结构间的这些关系是社会科学最重要的问题之一。但是,这些符号并没有形成社会中的某个独立王国;它们的社会相关性在于人们运用它们来证明或反对某种权力安排,以及在这种权力安排中有权力者所处的位置。它们在心理上的相关性在于这一事实,即它们成为依附或反对某个权力结构的基础。

我们不能仅仅假设**必须**有某套这样的价值或合法性占据主流,以防止社会结构解体,也不能仅仅假设必须要通过某个"规范性结构"来使社会结构保持协调和统一。当然我们也不能仅仅假设,就它的字面意思来讲,像这样可能会占据主流的"规范性结构"是独立自主的。事实上,对于现代西方社会,尤其是美国,有许多证据表明,上述每个假设的反面倒更为准确。往往有组织得相当完善的反对性符号存在——尽管二次大战以来的美国并不是如此——它们被用于证明叛乱运动的正当性,揭露在位权威的真相。美国的政治系统在历史中只有一次受到内部暴乱的威胁,像这样的延续性其实是非常罕见的;帕森斯之所以错误地构想了**价值取向的规范性结构**,这个事实或许是原因之一。

正如爱默生所说,"政府"并不一定"来源于人们的道德认同"。而要是相信政府确实来源于道德认同,则是把它的合法性和产生它的原因相混淆。如果却有某社会中的人正好具有这样的道德认同,这要依赖于下述事实,即制度的统治者成功地垄断甚至强行灌输了他们的支配符号。

几百年前,有些人相信符号领域是自我决定的,这些"价值"也许确实在支配历史,他们相信证明某个权威正当性的符号独立于实施这一权威的人或阶层,根据这些人的假设,上一段话所说的问题得到了富有成果的讨论。人们认为是"思想"而不是运用这些思想的阶层或人在实行统治。为了给予这些符号序列连续性,它们表现为以一定方式相互连结,于是,这些符号被视为"自我决定性的"。为了使这个令人迷惑的看法更具说服力,符号往往被"拟人化了"或给予了"自我意识"。因而它们被构想为"关于历史的诸概念"或一个个"哲学家"——"他们"的思考决定了制度的动力机制。或者,我们还可补充一句,"规范性"秩序的**概念**被人们奉为神明,当然,我只是把马克思和恩格斯对于黑格尔的论述加以转述而已。[9]

一个社会的"价值",无论它们在各种各样的私人环境中多么重要,都与历史学和社会学无关,除非它们证明了制度的正当性并驱使人们扮演制度性角色。当然,在证明正当性的符号,制度性权威和服从的人们之间,存在着相互作用。有时,我们理应赋予支配符号因果的重要性,但我们不可把这种思想误当作社会秩序理论或社会统一性理论加以运用。正如我们见到的,还有更好的方式来建构"统一性",它们在阐述关于社会结构的重要问题时更为有用,而且与可以观察的资料有更紧密的联系。

既然"共同价值"使我们产生兴趣,那么我们最好是考察给定社会结构中各个制度性秩序的合法性,以此增进对它们的理解;而不是**一开始**就企图掌握这些价值,并根据它们来"解释"社会的构成和统一性。[10]我以为,当制度性秩序中有相当大比例的成员接受了该秩序的合法性,当根据这些合法性,人们成功地声称,或至少能保证他们自鸣得意地声称保证了服从,我们方可谈论"共同价值"。于是,这些符号被用于"规定(人们在扮演不同角色中所遇到的)环境",被看作评价领袖和追随者的标准。当然,只有极端而"纯粹"类型的社会结构,才显露出这些普遍的、核心的符号。

在另一个极端,存在某些社会,其中有一套占支配地位的制度控制了整个社会,并通过暴力与暴力威胁强加了它的价值。这不一定会破坏社会结构。因为正规的纪律能有效地制约人们,而且有时候,除非他们接受了对纪律的制度性的要求,他们没有生存下去的机会。

> 例如,有一位娴熟的排字工受雇于一家反动报社,为了生存和保住饭碗,他会遵从雇佣者所要求的纪律。而在他内心里,以及在工作间之外,他也许又是个激进的鼓动

者。许多主观上信奉革命的马克思主义价值的德国社会主义者甘于成为德皇旗帜下的恪守纪律的士兵。从符号到行为再到符号，有很长的一段距离，不是所有的整合都是基于符号之上的。[11]

强调这种价值冲突并不是要否认"理性一致的力量"。言语和行为之间有出入往往是人的一个特征，但争取一致同样也是。我们不能基于"人性"或"社会学的原则"，或受宏大理论的律令，先验地判定在任何给定社会中占支配地位的东西。我们也许可以很完整地想象出一个"纯粹类型"的社会，它具有非常有纪律的社会结构，在其中被支配的人们出于各种各样原因，不能放弃他们被规定了的角色，但是却一点也不共享支配者的价值，于是他们根本不信任秩序的合法性。这就像一艘配备了船役奴隶的船，船上桨的规律运动使划船者沦为机器上的齿轮，监工的暴力只是偶尔需要一下。船役奴隶甚至不必清楚船的行驶方向，尽管船头稍一偏转都会激起船长的愤怒，这名船长是船上惟一能看见前方的人。不过，我可能已经在开始描述，而不是想象了。

在这两种类型，即"共同价值的系统"和强加的纪律之间，存在着形形色色的"社会整合"。大多数欧美社会都融和了多种不同的"价值取向"；它们的统一性中杂合了各种合法性与强制。当然，任何一种制度性秩序可能都是这种情况，而不仅仅是政治和经济制度。父亲会通过威胁收回继承权，或通过政治秩序允许他使用的暴力，给家庭成员强加各种要求。甚至像家庭这样神圣的小群体，统一的"共同价值"也绝不是必不可少的：不信任和痛恨也许正是把一个人人关爱的家庭维系在一起的前提。如果没有宏大理论家所相信的具有普遍性的"规范性结构",一个社会当然也可能相当地繁荣昌盛。

在这里,我不想详细阐述对秩序问题的解答,而只想提出这些问题。因为如果我们不这么做,受非常武断的定义制约,我们必然**假设**存在"规范性结构",帕森斯将之想象为"社会系统"的核心。

四

现在,社会科学普遍运用"权力"这个术语,它涉及人们所制定的他们生存其间的各种安排,以及构成他们所处时期历史事件的决策。当然,超出人类决策范围内的事件确实有发生;即使并非出于明确的决策,也确实会有社会安排发生变化。但是只要这些决策被制定(并且它们虽未制定,但可以被制定),谁介入(或没有介入)这些决策制定的问题就成了权力的基本问题。

今天,我们不能假设统治必须最终出于人们的同意。现在,广为盛行的权力手段是管理与操纵人们的同意的权利。我们不知道这种权力的限制(我们希望它确有限制),但这没有抹煞如下事实,即当前有许多权力,未经过理性或服从者的良知就被成功地行使。

在我们的时代,的确无需争论,就根本而言,强制是最终的权力形式,但我们也决不是一直处于这种状况。还必须考虑权威(由自愿服从者的信仰证明为正当的权力)和弄权(虽被行使但无权者一无所知的权力)。事实上,当我们思考权力的本质时,必须始终分清楚这三种类型。

我想,我们必须记住,在现代世界,权力往往并不像中世纪那样显得有权威;对他们施加权力来说,统治者的正当性似乎不再那么必不可少。至少对于我们时代的许多重大决策——尤其是那国际性的——来说,"说服"大众并不是"必需"的;它们轻易就得以实现。而且,当权者往往既不采纳,也不运用他们可以推行的那些意识形态。通常,只是当权力真相遭到有力的批判和揭露之时,他们才抬出意识形态;在美国,这些反对最近还不是足够有影响,以至产生对新的统治性意识形态的需要。

当然,今天有许多人丧失了对主流价值的忠诚,又没有获得新的价值,于是对任何种类的政治关注都不热心。他们既不激进,也不反动。他们没有行动。如果我们接受希腊人把完全私人性的人看作白痴的定义,那么一定会得出结论:社会中的许多公民确实是白痴。在我看来,这种精神状况(我小心地使用这个词)是求解政治知识分子中出现的许多现代不安的关键,也是求解现代社会中许多政治迷惘的关键。对于一个权力结构的维持乃至兴盛发达,无论是统治者还是被统治者,学术的"确信"和道德"信仰"都不是必需的。就意识形态发挥的作用而言,人们常常不介入合法化以及越来越趋于冷漠,是当今西方社会两个关键的政治事实。

42 在任何一项实质性研究的过程中,那些持有我所提出的关于权力的观点的人,确实会碰到许多问题。但帕森斯走入歧途的假设对我们也没有帮助,他只是假设,在每个社会都理所当然地存在如他所想象的"价值等级"。而且,这一假设的含义系统地阻碍了我们把重要的问题表述清楚。

要接受他的体系,我们被要求解读事实的图景,这些事实是关于权力,以及实际上是关于所有制度性结构,尤其是经济、政治和军事制度的。在这样一个令人迷惑的"一般性理论"中,这些支配结构并未得到阐述。

在它所提供的术语里,我们无法准确地提出如下经验性问题,在任一给定情况下,各种制度以何种方式,在何种程度上被合法化。宏大理论家们所提出的规范性秩序的思想,以及他们管理规范性秩序的方式,导致我们假设几乎所有的权力都被合法化了。事实上:在社会系统中,"角色期望互补性的维持,一旦被建立,就不再成问题……不需要特别的机制来解释互补性互动取向的维持。"[12]

在这样的术语中,无法有效地表述关于冲突的思想。结构性的对抗,大规模叛乱,革命,它们是无法想象的。事实上,该理论有以下假设:"系统"一旦被建立,就不但很稳定,而且是内在和谐的;而用帕森斯的语言,失调必须"被引入到系统之中"。[13]他所提出的规范性秩序的思想导致我们把利益和谐假设为任何社会的特征;正如它在此所表现的,这种思想是一种形而上学的"落脚点",就好像与之非常类似的、18世纪的哲学家之中存在的自然秩序的思想一样。[14]

魔术般地消除冲突,奇异地实现和谐,"系统的"和"一般性的"理论中排除了任何可能涉及社会变迁和历史的因素。在宏大理论家们从规范角度出发创造出的社会结构中,不光发现不了备受恐吓的大众和激奋的暴民、群众、"集体行为"和运动——而我们的时代充满了这些事物——的位置,而且,从宏大理论中无法得到任何有关历史本身是如何发生的,有关它的机制和过程的系统性的思想,因而,帕森斯相信社会科学也无法得到:"当我们可以找到这样一个理论时,社会科学的千年盛典就该来临了。可是在我们的时代,它还不会来临,并且它很可能永远不会来临。[15]这当然是一个极其暧昧的断言。

几乎任何一个本质问题,都无法用宏大理论的术语进行清晰的陈述。更糟糕的是:这种陈述往往还充满了判断,并被如海绵般不确定的词语弄得含糊不清。例如,很难想象比下述情况更毫无意义的努力了:根据"普遍主义—成就"的"价值模式"来分析美国社会,却不提及现代资本主义发迹实质、含义和形式的变化,以及资本主义本身结构的变迁;或者是根据"占支配性的价值系统"来分析美国的分层,却不考虑已知的基于财富和收入水平之上的对生活机遇的统计。[16]

我想如下说法怎么讲也不过分,如果宏大理论家们现实地探讨问题,他们是根据在宏大理论中发现不了的东西进行探讨,而且这些东西往往与宏大理论相对立。古尔德纳已经评论道:"实际上,帕森斯对变迁进行的理论的和经验的分析努力到一定程度,突然使他列出一堆马克思主义者的概念和假设,结果实在令人愕然不解……它简直就像两套书放在一块,一套用来分析均衡,另一套用来调查变迁。"[17]古尔德纳接着又写道,在战败后德国的案例中,帕森斯是如何评介对容克贵族的彻底打击乃是"一个排他性阶级特权的案例",以及他如何根据"招募新人的阶级基础"来分析公共服务。简言之,整个经济和职业结构是用非常马克思主义的术语构思出来的,而不是根据宏大理论所设计的规范性结构呈现于眼前。这使人还抱有希望:宏大理论家们还没有完全放弃接触历史真实。

五

现在,回到秩序问题上来,用一个很"霍布斯式"的眼光来看,它似乎是帕森斯著作中的主要问题。对它的讨论也许会非常简短,因为在社会科学的发展之中,它已经被重新定义,并且现在对它最有用的陈述也许被称之社会整合的问题;当然,它的确需要用到有关社会结构和历史变迁的操作概念。我想,与宏大理论家不同,大多数社会科学家会给出如下所述的回答:

首先,以下问题的答案不止一个:是什么东西把社会结构联系在一起?答案之所以不止一个,是因为各种社会结构的统一性程度和类型有深刻的差异。实际上,我们可以根据不同整合方式构想出不同类型的社会结构。当我们从宏大理论的层次下落到历史真实,我们会立刻认识到该理论的单调**概念**是多么无关痛痒。用这些概念,我们不能思考人类的多样性,思考1936年的纳粹德国,公元前7世纪的斯巴达,1836年的美国*,1866年的日本**,1950年的大不列颠,戴克里先时期***的罗马。我提出这些多样性当然是想表明,不管这些社会有什么样的共同方面,也一定要通过经验考察来挖掘。如果以空洞得不能再空洞的形式对与一定历史范畴内社会结构有关的事情进行预测,那就是把高谈阔论误当作是社会调查研究。

根据诸如政治、亲属、军事、经济和宗教制度之类的制度性

---

* 1836年,正值美国民主党领袖安德鲁·杰克逊(Andrew Jackson)任美国总统,杰克逊任美国总统期间,实行民主改良运动,被称为"杰克逊民主",当时美国经济也迅速发展。——译者注

** 1866年,日本庆应天皇二年,日本国内新兴资产阶级掀起的"攘夷倒幕"运动正如火如荼,为"明治维新"作了政治上的准备。——译者注

*** 戴克里先(Gaius Aurelius Valerius Diocletianus,约245—313年),著名的罗马帝国皇帝。在执政期间(284—313年)实行一些改革措施,使面临崩溃的奴隶制帝国暂时稳定下来。——译者注

秩序,人们可以构想出社会结构的类型。他用一种可以在给定的历史社会中洞察这些制度性秩序的轮廓的方式,给每一个制度性秩序加以定义,然后问,它们每一个如何与其他相联系,简言之,它们如何被组织为一个社会结构。可以把答案作为一套"研究模型"方便地给出,当我们考察特定时期的特定社会时,可以用这些模型来加深了解它们被"系到一起"的链条。

我们可以对各个制度性秩序的相似的结构性原则进行归纳,根据这个归纳,我们可以想象出一个这样的"模型",例如,看一看托克维尔笔下的美国。在那个经典的自由主义社会中,每一个制度秩序都被构想为是自主的,而它的自由来自它与其他制度的协同。经济中采取自由放任政策,在宗教领域,各种教派和教会在救赎市场上公开的竞争;婚姻市场上则建立起亲属制度,个人在婚姻市场上互相选择。在身份领域,不是凭家庭出身而是靠自我奋斗起家的人越来越多;甚至在军事领域,在招募国民自卫队时,也有很多自由,并且在很广泛也很重要的意义上,可以说全民皆兵。整合的原则,也是这个社会的基本的合法性,是在每一个制度秩序中,独立的、彼此竞争的人们的自由进取精神占居支配地位。在这个制度性秩序间相互对应的事实中,我们可以理解一个经典的自由主义社会被统一起来的方式。*

但这种"对应"只是一种类型,只是"秩序问题"的一个答案。还有其他统一性的类型存在。例如,纳粹德国是通过"协同"整合起来的。这种整合的一般模型可阐述如下:在经济秩

---

* 可参见托克维尔所著的《论美国的民主》的中译本,董果良译,商务印书馆1988年12月第一版。——译者注

序中,制度是高度集中化的;一些大集团差不多控制了所有的经济运行。在政治秩序中,则存在分割的现象:许多政党相互竞争,以对国家发生影响,但没有一个足够强大到能控制经济集中的结果,这些结果之一——与其他因素一起——是造成萧条。在经济萧条中,纳粹运动成功地利用了大众,尤其是中下阶层人民的绝望,使政治、军事和经济秩序形成为一个密切的对应。由一个政党垄断并再造了政治秩序,废除或合并了其他所有可能竞争权力的政党。而这么做要求纳粹党发现它与经济秩序中的垄断集团和军事秩序中的某些精英一致的利益点。在这些主要秩序中,首先是对应的权力集中;然后在攫取权力的过程中它们各自保持一致,共同行动。兴登堡总统的部队对保卫魏玛共和国不感兴趣,对镇压一个受欢迎的主战派的行进纵队也不感兴趣。而工商界大集团也愿意给予纳粹党财政援助,后者许诺要粉碎劳工运动以及其他事情。这三类精英组成一个往往不太甜蜜的暂时联盟,以在他们各自的秩序中维持权力,并与社会其他秩序协同一致。与之竞争的政党不是被镇压和宣布为非法,就是自愿地解散了。亲属和宗教制度以及在所有秩序之中和之间的组织,都有(纳粹党)秘密潜入和加以协调,或至少中立化了。

极权主义政党国家是一种手段,通过它,这三个支配性秩序中的高层人物协同起他们自己所在的以及其他的制度性秩序。它成为总括性的"架构组织",对所有制度性秩序都强加目标,而不是仅仅保证"受法律约束的政府"。政党自我扩张,以"辅助组织"和"附属机构"的形式四下扩张。它要么进行分裂,要么秘密潜入,它开始控制包括家庭在内所有类型的组织。

政党控制了所有制度的符号领域。除了宗教秩序中有些例外,严禁任何要求正当的自主性的声言。政党垄断了包括教育制度在内的正式交流渠道。在相当程度上由非法团伙活动的网络联结起来的社会结构中,严格等级制下绝对和魅力领导的原则(卡里斯马统治)被广泛地宣传。[18]

不过,能将如下我认为是较为明了的观点阐述清楚当然就足够了:总而言之,不存在什么能让我们理解社会结构的统一性的"宏大理论"和普遍性的体系,对于古老的颇为恼人的社会秩序问题,其答案也并非只有一个。对这些问题的有用研究,主要是根据我在此概括的这些研究模型,而运用这些模型,要与特定范畴的历史上的及当代的社会结构保持经验上的密切联系。

这些"整合模式"也可被构思为历史变迁的研究模型,理解这一点非常重要。例如,如果我们考察过托克维尔所在时期的美国之后,再来考察20世纪中叶的美国,会立刻发现19世纪的结构"相互支持"的方式非常不同于现在的整合模式。我们问:每一个制度性秩序是如何变迁的?它与其他各个秩序的关系又是怎样变化的?这些结构性变化发生的进度和不同速率如何?并且,在每种情况下,引起这些变化的必要的和充分的原因是什么?当然,要找出充分原因,我们通常至少需要以比较和历史的方式进行研究。通过表明这些变化已经造成"整合模式"的转变,我们可以总括性地勾勒这种社会变迁分析,从而更简明地阐述更重大的问题。例如,上个世纪的美国史展现出一种过渡,即从一个主要靠对应整合起来的社会结构,过渡到一个更大程度上以协同为条件的社会结构。

历史学理论的一般性问题不可能从社会结构理论的一

般性问题中抽离出来。社会科学家在他们的实际研究中,对于以一种统一的方式来理解这两者,并没有很大的理论上的困难;我以为这一点很显然。或许这就是为什么对社会科学来说,一本《巨兽》(*Behemoth*)抵得上二十本《社会系统》的原因。

当然,我提出这些论点并不是试图对秩序和变迁的问题——即社会结构和历史的问题做什么断言。我这么做只是想提出这些问题的要点供人考虑,并介绍一些对它们的已有研究。可能这些评述也有助于使社会科学的前景更为具体明确。当然,我提出这些东西还为了表明,宏大理论家们对社会科学的一个主要问题的掌握是多么欠缺。在《社会系统》一书中,帕森斯并没能实实在在地从事社会科学研究,因为他已受如下思想支配,即他所建构的社会秩序模型是某种放诸四海而皆准的模型;因为他实际上把他的这些**概念**奉为神明了。宏大理论中"系统性的"东西即是它脱离了任何具体的、经验性的问题。这个系统性的东西并没有被用于更准确完整地表述有(可为人们认识到的)重要性的新问题。它并不是出于如下需要而发展,即飞到高处片刻来更清楚地观察社会世界中的某个东西,以解决某个问题——这个问题可根据历史现实得到陈述,在这一历史现实中,人与制度有他(它)们具体的存在。它的问题,它的过程,它的答案都是宏大理论性的。

撤退到对观念的系统性研究应该只是社会科学研究中的一个形式的片刻,记住如下事实很有用,在德国,这种形式研究的成果迅速为包罗万象式的和历史学的研究所运用。这种运用,由马克斯·韦伯开风气之先,成为德国古典传统的巅峰。在相当大程度上,它的前提是一套社会学的研究工作——其中有关社会普遍性的观念与历史阐释密切地联系。经典马克思主义对现代社会学的发展具有关键性影响;与其他许多社会科学家一样,马克斯·韦伯是在与卡尔·马克思的对话中发展他大部分研究工作的。但我们始终得认识到美国学者的遗忘症。现在,在宏大理论中,我们碰到了又一个形式主义者的回避,并且这回避本应只是一个停顿,但现在却似乎变成了永恒。正如西班牙语所云:"许多不会玩牌的人倒是能洗牌。" [19]

注释

1 Talcott Parsons, *The Social System*(帕森斯,《社会系统》), Glencoe, Illinois, The Free Press, 1951, pp.12, 36–7.
2 请参阅附录第五部分。
3 帕森斯上引著作, pp. 38–9。
4 同上, pp. 41–2。
5 我们还可以在它与使用者的关系之中对它进行考虑——一个实用的方面,对此,我们在这儿无需担心,这些是"意义"的三个"维度",查尔斯·M·莫里斯(Charles M.Morris)很有实用性的"符号理论的基础"('Foundations of the Theory of Signs')一文中,已经将之有序地系统化了,见*International Encyclopedia of United Science*(《统一的科学的国际百科全书》), Vol. I, No. 2. University of Chicago Press, 1938。
6 引述自帕森斯的著作, P. 552。
7 参见他杰出的"对《社会系统》的一些评论"一文('Some Remarks on "The Social

System"'),见于*The British Journal of Sociology*, Vol. Ⅶ, 2 June 1956。

8 H. H. Gerth and C. Wright Mills, *Character and Social Structure*(格特和米尔斯,《性格与社会结构》), New York, Harcourt, Brace, 1953, pp. 274-7. 对于这本书,我在本部分和下面的第五部分中,进行了很自由的引用。

9 参见马克思和恩格斯的《德意志意识形态》(*The German, Ideology*), New York, International Publishers, 1939, pp. 42. ff.。

10 例如,关于美国商人们竭力宣扬的"价值",对它的细致而经验性的描述,可参看Sutton, Harris, Kaysen and Tobin, *The American Business Creed*(《美国商业信条》), Cambridge, Mass., Harvard University Press, 1956。

11 格特和米尔斯上引著作, p. 300。

12 帕森斯上引著作, p. 205。

13 同上, p. 262。

14 参见Carl Becker, *The Heavenly City*; and Lewis A. Coser, Conflict(卡尔·贝克的《18世纪哲学家的天城》〔三联书店2001年已出中译本〕和刘易斯·A·科瑟的《冲突论》), Glencoe, Illinois, The Free Press, 1956。

15 帕森斯,引自Alvin W. Gouldner, 'Some observations on Systematic Theory, 1944-55'(古尔德纳,"对系统理论的一些考察, 1944-1955年"), *Sociology in the United States of America*(《美国社会学》), Paris, UNESCO, 1956, p. 40。

16 参见洛克伍德上引著作, p. 138。

17 引自古尔德纳上引著作, p. 41。

18 Franz Neumann, *Behemoth*(弗朗兹·诺伊曼的《巨兽》), New York, Oxford, 1942,这是一本真正杰出的榜样,对历史上社会的结构性分析就应该是这样的。对于上述描述,可参看格特和米尔斯上引著作, pp. 363. ff.。

19 很显然,从帕森斯的文本中可能挖掘出的关于社会的观点有着相当直接的意识形态上的应用;从传统上说,这些观点当然是与保守主义的思维风格相联系的。宏大理论家们往往并没有堕落到政治角斗场之中;当然他们往往也没有把他们的问题放于现代社会的政治情境之中。不过,这当然并不能从他们的研究中排除意识形态的含义。我没有在这一关联上分析帕森斯,因为《社会系统》一书的政治含义是如此直观,以至于对之进行充分转述后,我觉得没有必要再让它更明白点。现在,宏大理论没有扮演任何直接的科层制角色,正如我已强调的,它缺乏可理解性限制了它本应具有的公众偏爱。当然这也可能成为一笔财富:它的含糊不清确实给予它很大的意识形态上的潜力。

宏大理论的意识形态含义强烈趋向于使稳定的支配形式合法化。虽然仅在保守主义群体非常需要设计精致合法性时,宏大理论政治上才可能变得重要。我在本章以这个问题作为开头:宏大理论,如同《社会系统》一书所代表的,只是陈词冗调还是它也很深刻?我对这个问题的答案是:它的百分之五十只是晦涩的用词;百分之四十是众所周知的教科书社会学。另外的百分之十,如同帕森斯所说的那样,我想留给你自己去进行经验调查。我的调查显示,剩下的百分之十可能是——尽管也非常暧昧——意识形态上的运用。

第三章 抽象经验主义

像宏大理论一样，抽象经验主义也死抓住研究程序中的一个接合点，让它迷住了自己心窍。它们都逃避社会科学的使命。当然，为完成我们的使命，对方法和理论进行思考是必要的。然而，在宏大理论与抽象经验主义这两种风格中，这些思考反而成了障碍：方法论的抑制其实和对概念的盲目崇拜一样糟糕。

一

当然，我并非要总结抽象经验主义者的全部研究结果，而只是澄清这种研究方法的一般特征和某些假设而已。目前，被认可为这种风格的研究正逐步陷入窠臼。新的学派在其实践中一般把对抽样挑选出的人群所进行的访谈当作基本的"数据"来源。为方便起见，访谈对象的回答经过标准分类，被键入何勒里斯代码卡片*，并通过找出变量之间的关系进行统计。毋庸置疑，任何有点头脑的人都能掌握这种步骤，从而轻易得到某个事实和结果，因而它很受青睐。它的结果通常是以统计判断的形式表示：在最简单的层次上，这些结果只是一些比例

---

* 一种字母数字穿孔卡片代码。——译者注

结论；但在较复杂的层面上，根据不同的问题，解答经常被组合进繁复的交互分类之中，并且这些解答又以不同方式形成等级量表。人们可以通过某些复杂方法处理这样的数据，但我们不必担心这个问题，因为不管它们怎么复杂，仍只是对已知数据的分类而已。

除了广告和媒体研究之外，"舆论"也许是绝大多数该风格研究的主题，可是那些把舆论与沟通问题作为一个可理解领域再加以阐述的思想，与此风格的研究却没什么联系。这类研究的框架是将问题简单地分类：谁通过何种传媒告诉谁什么事，产生了什么结果？如下是它对关键术语的流行定义：

> ……说起"舆论"，我指的是广度——即大量人群之非私人性的、非个体化的情感与反应。舆论的这一特征使得抽样调查成为必要。说起"观点"，我指的不仅包括通常意义上的时论性的、暂时的、典型政治性的论题，而且也包括态度、情感、价值、信息以及与之有关的行动。为了能准确地捕捉它们，我们既要运用问卷调查和访谈，又须运用投射测验*的心理学方法和量表测量工具。[1]

在这些断言中，有个显而易见的倾向是把研究对象和用来研究它的方法相混淆。这可能意味这样的事实："公众"这个词，正如我将要运用的，指的是任何具有相当规模的总体，

---

* 心理学术语，即给个体呈现一套标准的非结构刺激，要求个体尽可能以不受限制的方式对刺激做出反应。——译者注

因而可以进行统计抽样；既然公众持有观点，那我们就必须同人们交谈来发现他们有什么观点。不过，在某些情况下他们不能或不愿说出真相；那么，你可以尝试使用"投射和量表手段"。

大多数有关"舆论"的研究是在美国单一民族的社会结构中进行的，并且也只是着眼于近十年来的状况。这大概能够解释人们为什么没有准确说明"舆论"的意义，以及为什么没有重新梳理这一领域中的主要问题。即便是在为他们选好的历史以及结构的范围之内，让他们初步做到这一点，也是勉为其难。

西方社会中的"公众"问题起源于中古社会的传统与习俗的全体共识发生转变；而在今天大众社会的思想中，它达到了高潮。18和19世纪的所谓"公众"，正被转变为"大众"社会。而且，由于大多数人成为"大众人"，公众与社会结构的关联反而渐为疏散，他们每个人都陷入了相当无力的处境。诸如此类的情况，或许能提供给我们一些暗示，在对公众、舆论及大众传播进行研究时，我们需要选择和设计何种框架。同时，我们还需要对民主社会的各个历史发展阶段，尤其是对曾被称作"民主极权主义"或"极权民主"的社会作出充分的阐述。简言之，在这些方面，我们无法用人们目前实践的抽象经验主义的视野和术语来阐述社会科学的问题。

如果没有结构情境，那么抽象经验主义者所试图解决的问题，比如说大众传媒的影响，就无法予以充分地陈述。不管怎么精确，如果我们仅仅研究深受传媒熏陶几近一代之久的群体，那怎么可能理解这些传媒的影响——更遑论理解它们对于大众社会发展所产生的综合性影响？对不同个体受不同

52

传媒的影响加以分类,于广告业很有帮助,但对于研究大众传媒的社会意义的理论的发展,它还构不成充分的基础。

在研究政治生活的这一学派中,"选举行为"一直是其最核心的问题。之所以如此,我想是因为它非常适于统计调查。单调的结果恰同精致的方法、认真的研究过程成为对照。对政治学家来说,对选举进行全面彻底的研究,并且不与任何一个"拉选票"的政治机器或政治制度发生关联,一定是件非常有趣的事。而1940年在俄亥俄州伊利县所做的一项得到正式承认的著名研究——《人民的选择》做到了这一点。从这本书中,我们了解到,富人、农民和清教徒倾向于投共和党的票;相反类型的人则倾向于民主党等等。然而,对于美国政治的动力机制,我们仍然知之甚少。

正当性,尤其是作为涉及舆论和意识形态的政治学的问题,是政治学中的一个核心思想。如果认真地看待"舆论"这个词,人们已怀疑美国的选举政治是一种没有舆论的政治;如果认真地看待"政治意义",那么这种选举政治只是一种在心理层面上都没多少政治意义的选举;这样一来,对"政治舆论"的研究显得更加令人迷惑。但还没有人针对"政治研究"这样的东西提起什么问题。该如何提出这些问题呢?这需要历史知识和心理学反思,而抽象经验主义者却不大接受这些东西,事实上,他们也没掌握这些东西。

最近二十年来,最关键的事件或许就是二战了;它对历史、对人们心理所造成的后果构成了近十年来我们大部分的研究内容。但我想,令人迷惑的是我们还没有对引发这场战争的原因进行定性的研究,却力图将它定义为一场形式独特的历史战争,并把它置于时代的中心位置,这么做也取得了一些成果。撇开官方的二战史,最为详尽细致的研究,大概要算由斯多弗指导的历时数年的对美国陆军的调查。对我来说,这些研究证明了即使不涉及社会科学的问题,社会研究仍有可能具备行政功用。结果必然令那些期望对参战美国士兵有所了解的人很失望,特别是那些问如下问题的人会更加失望:这些"士气低落"的人怎么赢得一场又一场战争?但试图回答这些质问使得人们远离值得信赖的体裁的范畴而陷入不足为据的"臆测"之中。

艾尔弗雷德·瓦格特写作一卷本《军国主义史》以及马歇尔写作《战火中的人》一书时为接近参战士兵所运用的新闻报道技巧,其实质价值要远胜于斯多弗的四卷本著作。

到目前为止,根据新方法进行的分层研究还没有提出新的思想。事实上,从其他风格的研究中借鉴来的关键概念还没有经过"翻译";一般地,"社会经济地位"这一包容丰富的指标已经够用了。关于"阶级意识"和"虚假意识"的难题,与"阶级"相对的"地位"的观念,以及韦伯的统计上颇具启发性的"社会阶层"思想,这些都被遵循该研究风格的研究者加以发展。而且,他们还以各种笨拙方式强以小城市为"抽样区"进行研究,却全然不顾下面这一昭然事实:对此类研究的简单的加总,绝不可能达成对于国家的阶级结构、地位和权力的完整认识。

在讨论舆论研究的变化时,贝雷尔森曾作过一段评论,

我相信,这段评论概括了以抽象经验主义方法进行的大部分研究:

> 归纳起来,这些差别(拿25年前和现在相比)导致了舆论研究领域中革命性的巨变:这一领域日渐技术化、数量化、非理论化、分割化、特殊化、专业化和制度化、"现代化"、"群体化"——简言之,以行为科学为其特征,美国化了。25年前及更早以前,杰出的著作家出于对社会本质及其运作的普遍关注,以渊博的学识研究舆论,同时又不仅局限于此,而是运用广博的历史、理论和哲学视角,并写出专著。今天,技术专家小组针对具体问题作出研究方案并报告成果。20年前,舆论研究隶属于人文学科的,但在今天,它成了科学的一支。[2]

在这一对抽象经验主义研究风格的简短勾勒中,我并非仅仅在说:"这些人没有研究过我所感兴趣的实质问题",或是,"他们没有研究过大部分社会科学家认为重要的问题。"我所说的是,他们研究了抽象经验主义的问题,但只是奇怪地固步自封于他们据以阐述、解答问题的武断认识论中。我以为,我还没有不假考虑地随意说:他们受制于方法论。所有这些意味着,就其研究结果而言,他们的这些研究堆积琐屑的细节,却对使这些细节形成一定规范形式缺乏足够关注;事实上,除了由排字工和装订工提供的一定形式外,这些研究往往没有什么形式。这些细节无论怎么庞杂,都不会使我们确信任何本值得我们确信的东西。

二

作为一种社会科学的风格,抽象经验主义的特征并不体现为哪个实质性观点或理论。它并非植根于哪个关于社会属性和人性的新概念之中,或是建立在哪个关于这些概念的特定事实之上。确实,通过其实践者所选择研究的问题和研究问题的一般方法,可以认识抽象经验主义。但是毫无疑问,这些研究并不是此种风格的社会研究能得到欣赏的原因。

不过,就其本身而言,这一学派的实质性成果尚不足以构成评判它的基础。作为一个学派,它是新生的;而作为一种方法,它确实已存在一段时间了;作为一个研究风格,它只是在目前才延伸入更全面的"问题领域"。

它最明显的特征,尽管这不一定是它最重要的特征,涉及它已开始采用的行政机构以及它吸收和训练的学者类型。这个行政机构目前规模已很大。有许多迹象表明它正变得更为庞大、更具影响力。学术行政官和研究技术专家,这两类颇为新型的专业人士现在正与普通的教授和学者进行竞争。

但是,即使所有这些发展对于未来大学的性质,对于大学人文学科的传统,对于可能将在美国学院生活中占据主导地位的思想内涵具有重大影响,它们仍不足以形成评价此种社会研究风格的充分基础。抽象经验主义的这些发展,确实远远超出了其拥护者在解释该风格的受欢迎程度和知名度时对它的认可程度。就算没其他作用,它们也至少以人们以往所不知的方式给一定规模的半熟练技术专家提供了职业;它们给这些人提供了一种职业生涯,可以享有旧式学院生活的安逸,却不必取得原来的那种个人成就。总之,这种研究风格与行政造物主相伴随,这个行政造物主对于未来的社会研究及其可能的科层化,有重大关系。

不过,我们需要把握的这种抽象经验主义的最重要的学术特征,是其实践者所拥护的科学哲学,以及他们遵循并应用它的方式。正是这一哲学,主导了他们所进行的实质研究,并成为该学派行政和人事机构的指导思想。在这一特定的科学哲学中,他们找到了学术上的主要理由来辩解他们的实际研究为什么贫乏,以及他们为什么觉得需要成立机构。

理解这一点是很重要的,因为有人会以为在断然宣称自己乃是**科学**的某个行业的形成之中,哲学信条并没有起中心作用。这一点所以重要,还因为抽象经验主义的实践者们似乎常常不清楚他们据以立足的就是某种哲学。大概没有哪个熟识这些实践者的人会介意否认他们中的许多人满脑子都是对自己科学地位的关注;最令他们珍爱的自我职业形象乃是自然科学家。在他们对各类社会科学的哲学问题的争论中,有一点是始终如一的,即他们**是**"自然科学家",或至少"代表了自然科学的观点"。他们在更精深的讨论中,或在某个和气的物理学大家面前,他们的自我形象更可能被简化成只是个"科学家"[3]。

在研究实践中,抽象经验主义似乎更关注科学哲学,而非社会研究本身。简单地说,他们所做的,就是将他们目前所假定的那种科学哲学信奉为惟一的**科学方法**。这一研究模式主要是在构建认识论;在社会科学中,它最具决定性的结果是造成了方法论的抑制。我指的是**科学方法**严格限定了人们所选择研究的问题和表述问题的方式。简言之,方法论似乎决定了问题;不过,这些尚只是预期的可能。它所提出的科学方法并非产生于(人们普遍正确视为)社会科学研究的经典思路,也不是对这些思路的概括。它主要是从自然科学哲学借鉴而来,并对之做了些权宜性的修正。

广义而言,社会科学哲学似乎包含两种努力。(1)哲学家们试图考察社会研究过程实际是怎样的,然后归纳这些看来有望成功的研究步骤,并使之前后连贯。这是一项棘手的工作,很容易一无所获。但若是每一位从事实际研究的社会科学家都作出努力,难度就会大大降低,而且每一人都有做一做的必要。到目前为止,这样的工作做得还很少,并且仅仅运用到有限的几种方法中。(2)我称之为抽象经验主义的社会研究风格经常通过诸如制订社会科学研究的计划和法则的方式,重述并采用**自然科学哲学**。

方法是人们用来理解或解释事物时所运用的程序。方法论是对方法的研究;它提供关于人们在从事研究时会做些什么的理论。由于存在多种方法,方法论的性质必然是一般性的,于是,方法论通常不给研究人员提供具体的步骤。认识论比起方法论来就更为一般化,因为它的践行者主要探讨"知识"构成根据及其限制,简言之,即知识的特性。当代认识论学者已倾向于从他们相信为现代物理学的方法中提取其所用标号。由于一直企图通过对这门科学的理解来提出和解答关于知识的一般问题,他们实际上变成了物理学的哲学家。有些自然科学家似乎对这项哲学研究颇感兴趣,有些人则对此惑然不解;有些人对大多数哲学家接受的流行模式表示赞同,也有人对此持有异议,但是据估计,还有相当一部分科学家对此一无所知。

我们被告知,物理学已经达到了这样一个境界,可以从严密的数学理论中引申出严格缜密的实验问题。但它并没有到达这一境界,因为那些方法论学家在其构建的研究模型中展现了这样一种相互作用。不过其次序似乎是相反的方向:科学的认识论依附于理论和实验物理学家开始运用的方法之上。

诺贝尔物理学奖获得者库施*宣称没有"科学方法",那些被称之为科学方法的,都可以从那些十分简单的问题中概括出来。另一位诺贝尔物理学奖获得者布里奇曼**甚至说得更彻底:"诸如此类的科学方法根本不存在,而科学家研究程式的本质特征就是最大限度地利用自己的头脑,而不受任何限制。""发现的机制,"贝克说,"人们还不大知道,……我认为创造性过程同个人的情感构成的联系是如此紧密……以至于……它实在难以概括总结。"[4]

三

方法专家也往往会成为社会哲学的某个分支的专家。在当代社会学中,他们的重要之处不在于他们是专家,而在于他们的专业化的一个结果是助长了整个社会科学领域中专业化的进程。而且,他们所依据的,乃是方法论的抑制,以及体现这一抑制的研究机构。他们的专业化,并不是根据"可以理解的学术领域"或社会结构问题的观念,针对一般性的专业化的方案而提起。这种专业化仅仅基于对"方法"的运用,而不考虑内容、问题及领域。以上这些并不是我散漫的印象,而是很容易

---

* 库施(Polykarp Kusch, 1911—1993),德裔美国物理学家,1955年获诺贝尔物理学奖。——译者注

** 布里奇曼(Percy Bridgman, 1882—1961),美国物理学家,1946年获诺贝尔物理学奖。——译者注

找到记录的。

对作为一种研究风格的抽象经验主义,对抽象经验主义者在社会科学中所扮演的角色作了最直接明确阐述的,当推拉扎斯菲尔德,他是该学派中比较有阅历的代言人。[5]

拉扎斯菲尔德将"社会学"界定为一个专门领域,不是因为它专有的方法,而是因为它的方法论的特殊性。以这一观点来看,社会学家成为一切社会科学的方法论学家。

> 于是,我们可以非常明白地说明,这就是社会学家的首要职能。当人类事务中出现的新生部分就将成为经验科学的研究对象时,他即是社会科学家行进队伍的开拓者。迈出了最初步伐的正是社会学家。他是连接作为一方的社会哲学家、个体观察家、评论者与作为另一方的经验研究者及分析家小组的桥梁……于是,就历史而言,我们必须区分三种主要的观察社会实体事物的方式:由个体观察家所作的社会分析;完备有序的经验科学;以及一个过渡区,我们称之为社会行为之任一特定领域的社会学……要是在此能加入一些对社会哲学向经验社会学的过渡中所发生之事的评论,将不无助益![6]

请注意,此处"个体观察家"奇怪地等同于"社会哲学家"。还要注意,这个陈述说的不仅是学术方案,而且也是行政计划:"人类行为的一定领域已成为有自己名称、机构、预算、资料、研究小组的有组织的社会科学的研究对象。而其他领域在此方面则尚未开发。"任何领域都可以开发或"社会学化"。例如,"对于一门关注大众幸福的社会科学,我们甚至还没有合适的称呼,但没什么因素能阻碍这样一门科学成为可能。比起收集关于收入、储蓄和价格的资料,收集幸福量度的资料并不更加困难、花费更高。

因而,社会学作为一系列专业化"社会科学"的助产士,处于还未成为"方法"研究对象的某个领域与"充分发展的社会科学"之间。什么被认为"充分发展的社会科学",这还不很明确,但它暗含着只有人口学和经济学才有此资格:"我们必须而且可以用科学方法处理人类事务,对此已没有人再加怀疑。一百多年来,我们已有了像经济学、人口学这样充分发展的科学,用来处理人类行为的各个部门。"在这篇只有20页的短文中,我再也找不到其他更明确的对"充分发展的社会科学"的说明了。

当社会学被赋予将哲学转换为科学的任务时,存在如下的假设和暗示:以**方法**的天赋才力,并不需要对这一领域传统的学术知识进行转换。确实,获得此种知识比上文陈述所暗示的要多花费一点时间。或许,它的涵义可以用一个对政治学的偶然评论加以揭示:"……古希腊人有政治的科学,德国人则说*Staatslehr**,而盎格鲁-萨克逊人则说政治科学。目前为止,还没有人作过不错的内容分析,以便人们真正理解该领域的书籍都在讲些什么……"[7]

于是,一边是有组织的、充分发展的经验社会科学学家的队伍;另一边是无组织的个体社会哲学家们。作为方法论学家,社会学家将后者转变为前者。总之,他是科学制造者,还同

---

* 德语,"国家学"的意思。——译者注

时兼有学术的,毋宁说是**科学**的及行政管理的身份。

"从'社会哲学'和'个体观察家'到'有组织的、充分发展的经验科学'的转变,通常由相关学者研究中的四个转向得以体现":

(1)"首先是关注的重点从制度史和观念史转到具体的人类行为。"可这并非如此简单;正如我们即将在第六章看到的,抽象经验主义不是日常生活的经验主义。"人们的具体行为"并非他们研究的单位。我将很快表明,抽象经验主义实际作出的选择往往暴露出明显的所谓"心理主义"的偏向,并且,它始终避开结构问题,却偏爱情境问题。

(2)"其二",拉扎斯菲尔德写道,"是不单独研究人类事务的某一方面,而是把它同其他部分联系起来。"关于这一点,我认为是不正确的;这只须把马克思、斯宾塞及韦伯与那些抽象经验主义者的著作作一比较,就可一目了然。不过,这段话的大概含义是建立在对"联系"的特殊理解之上的:仅仅是统计意义上的联系而已。

(3)"第三,研究偏重于重复出现而非昙花一现式的社会情境和问题"。这也许被认为是指向结构性思考的尝试,因为社会生活的"重复"或"规律性"当然是植根于既定的结构之中的。例如,这就是为什么要理解美国的政治竞选运动,你就得理解政党的结构,它们在经济中发挥的作用等等。可这并非拉扎斯菲尔德的本意;他的意思是选举要求许多人参与一项雷同的活动,而且选举要反复举行:于是个体的选举行为就可以进行统计研究;研究,再研究。

(4)"最后,研究重点更多地落在了当代,而非历史上的社会事件……"这种对非历史性的强调来自认识论的偏好:

"……社会学家将由此倾向于主要研究当代的事件,对这些事件,他有可能获得自己需要的资料……"这种认识论的偏好,作为社会科学研究的指导取向,与阐明实质性问题背道而驰。[8]

在深入探究这些内容之前,我必须完结对该社会学论述的报道,该社会学还有两项进一步的任务:

> ……社会学研究将科学步骤应用到新的领域当中。这些步骤(据拉扎斯菲尔德的观察)只是被设计出来,以粗略勾勒从社会哲学向经验社会研究的转变中可能形成的流行之势……当一名社会学家着手研究人类事务的新内容时,他必须自己收集所有的资料……正为此故,社会学家发展出了上述第二个主要职能。此时,他堪称其他社会科学的**工具制造者**。让我来提醒你社会科学家在为自己收集资料时遇到的诸多难题。他必须不厌其烦地询问人们他们自己做了什么、看到什么、想到什么。人们往往不大容易记清楚这些内容;他们或是不愿告诉我们,或是不十分明白我们想知道什么。于是,一种重要但又难以掌握的访谈艺术得以发展起来……
>
> ……但就历史而言,(社会学家)还具备第三个职能,这就是**解释者**……将社会关系的描述及其解释作一区分,是很有用的。在解释的层次,我们主要用"为什么"提出一些日常语言能够表达的问题。为什么人们现在愿意拥有的子女数比以前减少了?为什么他们乐意从乡村移往城市?为什么选举会成功,或失利?……

发现这些解释的基本技巧是统计性的技巧。我们必须比较子女数目多的与子女少的家庭；比较经常失业的工人与工作稳定的工人。但我们应当比较与他们有关的什么东西呢？ 9

社会学家似乎突然摆出了学识渊博的姿态：社会科学的各个门类都包含解释和理论,但在此处我们被告知"解释"和"理论"是社会学家的领地。一旦我们意识到这是说除社会学之外的其他解释还不是科学的,这句话的意义就清楚了。社会学家在将哲学转化为科学的研究过程中运用的"解释"类型是"解释变量",它在统计调查中很有作用。不仅如此,要注意在紧接上面引述的一段话中出现的将社会学的现实还原为心理变量的倾向："我们必须假设在人们的人格、体验和态度中存在某种东西,使得他们在外在看来似乎相同的情境下做出不同的举动。我们所需的是经验研究可以检验的说明性思想和观念……"

"社会理论"作为整体,成为这类概念的系统集合,也就是说,在解释统计结果时有用的变量的集合：

我们确实将这些概念称为社会学的,因为它们可用来解释各种各样的社会行为……我们派给社会学家的任务是收集和分析这些概念,在解释(诸如对价格、犯罪、自杀或是投票统计的分析等等这些)特定领域中发现的经验结论时,这些概念是很有用的。有时,社会理论这一术语被用来对这些概念及其关系作系统性的表述。 10

我必须附带强调,这一陈述作为整体,是否就成为社会学家曾实际扮演的历史角色的理论,还不大清楚,不过就此情况而言,该陈述确实尚不完整;或者它仅是个提议而已:社会学家应该成为助产婆式的专家,对事物解释的监守人;当然,任何社会学家都有自由以自己的实质性问题为重对此加以婉拒。但它究竟是事实还是规诫,是陈述还是方案?

或许它是对技巧哲学的大力宣传,对行政效能的崇拜,并伪装成科学的自然史的一部分。

社会学家要悠然处于研究机构,作个科学制造人、工具制造者和解释的监守人,这种对社会学家的看法,以及我所了解的对他整个研究风格的最明确的陈述,包含了几个问题,现在,我将更系统地论述这几个问题。

四

对于抽象经验主义,有两种流行的辩解,若它们被接受,则意味着抽象经验主义成果的贫乏,与其归咎于**方法**所固有的特征,不如说是缘于一种"次要方面",即:金钱和时间。

或许我们首先可以说,由于此类研究通常花费昂贵,它们不得不考虑提供经费的利益集团所关心的问题,而且,这些利益集团作为总体,其问题又非常零散。于是,研究者选择问题时,一直无法采取可以让成果真正累积起来的方式,即以更有意义的方式汇总成果。他们已尽其所能;他们无法对一系列实质性问题进行富有成效的思考,于是便不得不专门致力于发展那种不必顾及实质性问题就可用于研究的方法。

概言之,真理的经济学即研究的成本,与真理的政治学,即以研究来澄清有重大意义的论题,使政治学的争论更贴近实际,二者之间似乎有所抵牾。结论是,只要社会研究机构能拥有国家科学基金的1/4,并且能自由从事它们乐意的研究,情况就会大为好转。我必须承认,我也说不准这是否是个合乎情理的预期。其他人也同样不能,但是我们之间那些为升迁而坦然放弃社会科学研究的行政性学者,却如此认为。但仅以此为论题会减弱学术批评的中肯性。还有一件事是确凿无疑的:由于**方法**的所费不菲,其实践者便往往地使其研究涉及商业及科层管理的应用,这的确影响了他们的研究风格。

其次,有人可能认为批判仅是缺乏耐性的表现,但我明白对"科学的要求"的郑重其事的论述几世纪前而非数十年前就有了。有人会说,这些研究必然会累加起来,使我们能从中归纳出关于社会的有意义的结论。在我看来,这种辩解的思路假设了如下观点,即把社会科学当作一种奇怪的砌砖成墙的努力。它假设这些研究据其性质,能够以"单元"的形式,在未来某一时刻被"加总"或"接合",以"构筑"某个可信赖可证实的整体的形象。这不仅是个假设,还是个明确的政策。"经验科学",拉扎斯菲尔德说,"必须研究具体的问题,然后将许多繁琐、细致而耗时的调查加以综合,构建成更广泛的知识。许多学生转向社会科学,这当然值得高兴。但这不是因为社会科学将在一夜之间拯救世界,而是因为它在一定程度上能加快完成这项艰巨的任务——最终发展出一种整合的社会科学,这种社会科学能帮助我们理解和控制社会事务。"[11]

暂时忽略政治上的暧昧,该方案建议我们将研究局限在"微观"调查上,这些调查假设它们的发现可以"合为一体",也就是,成为一种"整合的社会科学"。为了说明为什么这是个不完整的观点,我必须在这些研究者所获成果之贫乏的外部因素之外,再探讨内在于他们的风格和方案中的原因。

我的第一个解释着眼于理论与研究之间的关系,以及社会科学家在安排较宽泛的观念和需要细致说明的领域的优先权时应该采用的策略。

当然,在社会科学各个学派内都有对无理论的经验资料的盲目性,以及无资料的理论的空洞性的一般性论述。但正如我尽力做的,我们最好检验一下其实践及成果,而不是其哲学的粉饰。在诸如拉扎斯菲尔德所作的直接陈述中,"理论"和"经验材料"的研究思想颇为明显:"理论"变为用于解释统计结果的变量;"经验资料"在其实践中已是再明显不过地局限于大量可重复、可度量的统计性的事实和关系。由于两者都受到如此的局限,对它们之间相互作用的善意评论似乎都缩减成一个惜字如金的认可,事实上,根本没什么认可。可是,正如我已指出的,如此严格地限定术语,并没有哲学上的根据,当然也没有社会科学上的根据。

我们要想检验和重新定义一个宽泛的概念,就必须拥有翔实的描述资料,但它们并不一定能组合起来,构成宽泛的概念。要翔实地描述,我们应该选择什么内容呢?选择的标准又是什么呢?"组合起来"又意味着什么呢?这个词看上去倒挺容易,但它并不是个机械性的任务。我们谈论宽泛概念与详细的信息(理论和研究)之间的相互作用,但我们还应该谈谈问题。社会科学的问题通常是通过与社会历史结构有关的概念表达的。如果我们把这样的问题看作是真实的,那么如下做法确实有点愚蠢,即在我们有充分理由相信小范围的细节研究不管会得到什么结果,都有助于启发我们解决或阐明结构意义的问题之前,就动手研究起来。当我们只是采用单一视角,把所有问题都看成对(涉及分散的个体及其所处的分散环境的）统计或其他形式信息的回应,那我们并不是在对问题进行"转换表达"。

就思想而言,你从细节性研究得到的思想几乎不会比投入到这些研究中的思想多。从这类经验研究中你能得到的是信息,而利用这些信息你能做些什么,则在很大程度上依赖于你是否在研究过程中,把你具体的经验研究作为更大学术体系的检验点。由于科学制造者将社会哲学转变成经验科学,并且建立研究机构使其有容身之所,于是便有了大批研究成果。事实上,并没有什么理论或原则指导如何选择这些研究主题。我们曾见过"幸福",可能算一个主题;市场行为,也可算是一个。他们只是在假设,一旦运用了"**方法**",这些分散性的研究（从埃尔迈拉到萨格勒布,到上海）作为结果,最终会加总形成研究人与社会"成熟而有序的"的科学。与此同时,还继续下一项研究。

在论证这些研究难以加总得到更有意义的结论时,我考虑了抽象经验主义实际倾向的社会理论。任何一种类型的经验主义类型都包含了一个形而上的选择——对那些最真实事件的选择——现在我们必须对这一特殊风格所要求的选择有所了解。我相信,有一个颇为可信的案例,可以证明这些研究常常变成了心理主义范本的论点。[12] 该论点可能基于这样的事实,即他们基本的信息来源于对个体的抽样。这些研究中所提出的问题是以个体心理反应的术语表达的。于是,这便要求做出如下假设,如果我们根据有关个人的资料,以这种方式进行研究,就可以理解社会的制度性结构。

为了弄清结构问题,以及这些问题对小至个体行为的解释意义,我们需要一种视野开阔得多的经验主义。比如说,甚至在美国的社会结构中,尤其是在一定时期的某个美国市镇(通常这就是一个"抽样区")中,也存在许多社会、心理的共同尺度,以至社会科学家无法将各式各样的行为纳入考虑范围。只有当我们拓展视野,考虑到比较的、历史的社会结构之后,才能把握这种多样性,并对问题进行阐释。然而,由于认识论的教条束缚,抽象经验主义回避系统的研究历史,拒绝比较,它们只着眼于小规模的区域并且倾向于心理主义。无论是定义他们的问题,还是解释他们在微观视野中的发现,他们从来没有真正利用过历史社会结构的基本思想。

甚至在情境研究上,也很难期望这类研究会有深刻的洞察。根据定义,或基于我们的研究,可以知道处于该环境中的人(被采访者)往往并不觉察引起环境变化的原因,我们只有以结构转换的方式才能理解这些变化。这个总体的角度,当然与心理主义直接对立。它的运用对方法的意义是显而易见的:细节研究所选择的情境应与具结构意义的问题相一致。我们将从环境中分离和观测的"变量",应该是那些我们对结构的考察之后,所发现的重要变量。当然,环境研究和结构研究间应该有双向互动。社会科学的发展不应该像编被褥的妇女小组,每人只缀补其中的一部分:这些零碎的片段设计得无论多么精确,都不可能被如此机械外在地结合起来。

在抽象经验主义者的实践中,由往往半通不通的分析员通过多少标准化了的统计分析,收集并处理数据,绝非是偶尔发生的事。于是,就有一个乃至一群社会学家受到雇佣,"进行货真价实的分析",这就引出我的下一个观点。

在抽象经验主义者当中，近来有一种趋势，就是给经验研究作一至两章的序言，他们称之为"文献综述"。这当然是个好迹象。在我看来，这在某种程度上也是对已有的社会科学学科批评的回应。但在实际操作中，这一工作几乎完全是在资料收集好并且"修润"后才作的。更有甚者，由于它要求深思熟虑和耐心，因而在繁忙的研究机构中，这项工作就经常交给那些忙碌的助手去完成了。这样，他炮制出的"章程"就成了一种用"理论"去概括经验研究并"赋予其意义"的努力，或者如常言所道——"编出个像样点的故事"。能做到这一点，也算聊胜于无吧。但这样做确实经常误导不知情者草率地认定这一经验研究是经过认真挑选、设计和操作，以便对诸多概念和假设进行经验性检验。

我不相信这就是一般的研究实践。事实上，只有那些认真对待社会科学的"文献"，依据它本身并花费足够的时间去掌握它包含的概念、理论和问题的人所从事的研究，才算是一般的研究实践。也只有如此，才能让人们相信在不丢弃概念和问题的条件下，这些研究的意义能够被转换为易于用**方法**检验的更具体、更小范围的问题。这种转换当然是每个社会科学研究者都能作的，尽管他们并不把术语"经验的"局限于有关当代个人的各种抽象的统计信息，或把"理论"局限于一组"解释变量"的集合。

在这样的讨论中，颇有些有意思的小把戏。当从一个逻辑基点分析时，我所考察的这一类型的研究表明，用以解释和理解"资料"的"有趣的概念"，绝大部分指的是：（1）超越访谈所能利用层次的结构性和历史的因素；（2）未向访谈者暴露的更深层次的心理因素。但重要之处在于，这类研究者在设计研究和收集"资料"时，一般不会使用结构性和心理层面的概念。这些术语以粗略的方式指出了上述方向，但并不包含在这类风格的研究所确认的特殊的、"清晰的"变量之中。

造成这一点的原因似乎很明显：在实践中，经过或多或少准备的访谈，作为信息的基本来源，通常要求一种奇特的社会行为主义。在目前的行政和经济条件下，这几乎是无法避免的。充其量不过半熟练的访谈者，不可能在二十分钟甚或一天的访谈中获得我们从最有经验和时间足够长的访谈中所能获得的那种程度的材料，难道这不是很明显？[13] 同样，从一般的抽样调查中，我们也无法获得结构的信息，而我们知道，这些信息可以从适当以历史为导向的研究中得到。

然而，抽象经验主义风格的研究，也吸纳了不少有关结构和深度心理的概念。他们借助一般的概念来解释具体的观察结果。为了使一项研究首尾一贯地完成，他们运用一般的概念来阐释结构或心理问题。

在某些研究行当中，当细节的事实或关系被不着边际的臆想"解释"得颇有说服力时，术语"聪明"有时会派上用场。当小变量被拓展意义，用来解释宽泛的问题时，结果可能被认为是"漂亮"的。我提到这点是为了说明，一种"行话"正在出现，掩盖了我所阐述的那种程序。

所有这些做法，不外乎用统计手段展示一般性观点以及运用一般性观点说明统计结果。而一般性观点既没有经过检验，也未被赋予具体意义。它们根据数字的需要被挑选，正如同数字被用来配合它们一样。一般性观点和解释可与其他数据配合使用；反之亦然。这些逻辑把戏被用来给研究赋予表面上的结构、历史和心理学的意义，而实际上，由于这种研究的抽象,这些意义已被抽空了。他们有可能根据我已说明的方式或其他方式,固守**方法**,并尽力掩盖其结论的琐屑。

我们通常可以在章节的起始段,或总论,或有时也在"解释性"章节或衔接部分中,发现此类程序的例证。在此,我的目的不可能是对给定研究进行细致检验;我只想给读者一个忠告,希望由他对研究进行敏锐的检验。

我的观点很简单:任何一种社会研究都是由思想推进的;并只由事实加以限定。这一点,无论是对抽象经验主义考察"人们为什么如此选举",还是对历史学家解释19世纪俄国知识分子的地位和前途,都是正确的。虽然前者所依循的仪式通常更为繁琐,当然也过于自抬身价,但二者结论的逻辑地位是没有差别的。

最后,还有一种对抽象经验主义结论通常很单调的解释,最好是以问题的形式表述它:在真实但不重要与重要但不真实两者之间,存在必然的张力吗?这个问题更好的设问方式是:社会科学中的研究者理应期望解决何种层次上的真实;当然,我们可以变得"吹毛求疵",但这么做,除了十分详细的阐释外,我们会一无所获;当然,我们也可以不求甚解,于是只得到一些大而无当的概念。

那些囿于方法论抑制的人往往拒绝评论当代社会,除非它已经过**统计仪式**这一小而精的程序操作。人们通常说他们研究的成果即使无足轻重,起码也是真实的。对此我持有异议;我愈发想知道它究竟在多大程度上是真实的。我想知道有多少精确甚或伪精确在此同"真相"混淆在一起;在多大程度上抽象经验主义被当作仅有的"经验"研究的方式。如果你曾花费一两年的时间,严肃地研究过数千小时的访谈,又经过细心的编码和键入,你就会渐渐发现原来"事实"的范畴是何等易变。而且,说到"重要性",我们之中某些最富活力的思想,确实由于教条地恪守**方法**并不允许在其他研究中运用,从而在细节研究中被耗尽。我现在确信诸如此类的许多研究,只不过是墨守成规,它们只是碰巧才获得了商业价值和基金会青睐,而远非如其代言人所称,与科学的严格要求相一致。

精确并不是选择方法的惟一标准;当然,精确不应当同"经验的"或"真实的"混淆起来,尽管这种情况很常见。我们应当在研究中对我们关注的问题持尽可能精确的态度。那些最有趣也最困难的**方法**论题,往往出现于已有的技术不能奏效之时,仅就这一点而言,就不应该存在什么方法来限定我们所考虑的问题。

如果我们能理解起源于历史的真正的问题,那么关于真理与意义的问题也就不言而喻了:我们应当尽可能谨慎和精确地从事这些问题的研究。社会科学的重要著作过去一直是,并且现在也是谨慎推敲的假设,并用详细的信息对关键之处加以说明。事实上,起码在目前,我们还没有处理大家公认为重要的主题的其他方法。

要求我们的研究考虑其重要性或更一般地说,考虑有意义的问题,其含义是什么呢?意义的所指何在?在此我必须声明,我不是仅仅指它们应当具有政治的、实践的或道德的含义——不管这些术语被赋予了何种意义。我们首先应表明的是,这些问题与关于社会结构及其内部所发生的事件有真正的相关性。所谓"真正的相关性",我指的是研究应该和这些概念有逻辑上的联系。而所谓"逻辑上的联系",我指的是在研究的设问与解释阶段中,大致阐释和详细信息之间有着公开的、清晰的相互融贯。对于"意义"的政治含义,我会在以后提起。同时,像抽象经验主义那样过于谨慎和严格的经验主义,却没有探讨我们时代的重大社会问题和论题。而想要理解这些问题并关心论题的人,将诉诸其他阐述信仰的方式而获致启蒙。

五

在许多问题的研究中,与哲学有别的经验主义方法无疑是游刃有余的,我不明白人们如何合乎情理地反对这样的运用。通过适当的抽象,我们当然可以保持研究的精确性。没有什么事物是天生无法测量的。

如果某人正研究的问题十分适合统计程序,那么他应时常运用它。比如,在研究精英理论时,如果需要知道一组名流的社会出身,我们会很自然地试着找出来自不同社会阶层的比例。如果我们需要知道白领阶层从1900年以来的真实收入上升或下降的幅度,我们就要制作一个按职业区分的收入的时间序列,并用一些价格指数作为控制。当然,在一般情况下,人们不需要把这些程序看成是惟一可行的,更不用说人们不需要将此模式当作一个准则了。这并非惟一的经验方法。

我们应该依据尚不十分精确的总体观察选择特殊的、微小的特征,进行深入的、精确的研究,从而解决与结构性整体有关的问题。这一选择乃是基于我们的问题而作,而决不是哪一种意识形态指导下的"必然选择"。

我认为人们没有权利反对对次要问题进行细致研究。从事这些研究所要求的局部聚焦,也许是一种对精确性和肯定性的可敬追求;这种情况或许是学术分工的一部分,是一种专业化，而这也是人们不应反对的。不过毫无疑问，我们有权问：如果声称这些研究是学术分工的一部分，这些学术分工作为整体构成了社会科学，那么，其他分工部门在哪？以及将这些研究纳入更大图景的那个分工部门又在哪？

我们应该注意到，几乎所有研究风格的实践者都在使用同样的口号。每个点算房屋附属设施的人（这个老掉牙的笑话决不仅是个笑话），目前都十分清楚他的概念的含义。每个详释差异（许多人正是这样做的）的人，对"经验检验的范式"也都有着清醒的认识。人们已认识到，系统性的尝试理解，都得在（经验）吸收与（理论）同化之间进行某种选择，而人们应该以概念和思想引导对事实的考察，并运用细致的考察结果检验和重塑各种思想。

在方法论的抑制中，人们更多地被困于**方法**的认识论问题，而不是对经验资料的吸收。这些人，特别是年轻人，由于对认识论不甚了解，在固定准则前表现得十分教条。

在对概念的盲目崇拜中，人们被困在相当高的抽象层次上（通常属于句法性质），而不能触及事实。在社会科学的研究过程中，这两种倾向或学派在应该作一停留的地方存在和兴盛。但这种本应短暂的停留，却被这两者引向一无所获的境地——如果我可以这样说的话。

就学术而言，这些流派代表了古典社会科学的退却。它们退却的手段是对"方法"和"理论"进行过度渲染；而其主要原因则是它们与实质性问题没有紧密联系。如果教义与方法的兴起和衰落都是由于存于其中的学术争鸣（更完整、更富成果者兴盛，否则便消匿衰之），那么宏大理论和抽象经验主义就不会取得像现在这样的势力。宏大理论将成为哲学家的一个次要的研究取向,也许会是年轻学者将要经历的学术历程;抽象经验主义则将成为科学哲学家的一个理论,以及社会研究方法中的有用附属。

假如果真只存在宏大理论和抽象经验主义,高高在上,并肩站立,那我们的情况则真的是糟透了:就实践而言,由于宏大理论表现出的形式的、含糊的蒙昧主义,以及抽象经验主义所表现的形式的、空洞的精巧,使得人们确信,对于人类和社会,我们还知之甚少。

注释

1 Bernard Berelson, "The Study of Public Opinion"(《舆论研究》), *The State of the Social* Sciences, edited by Leonard D. White, Illinois, University of Chicago Press, 1956, p. 299.

2 同上书, pp. 304-5。

3 手头有一个现成的例子。在讨论多种哲学论题,特别是讨论"精神"现象的本质以及由(他对这些论题)的观点所产生的认识论问题时,伦德伯格说道:"由于对'学派'定义的不确定,更由于在许多奇怪的学会中,'实证主义'植根于为数不少的思想中,我始终倾向于将自己的观点界定为*自然科学*而不是尝试归于传统哲学中的古老学派,在其中实证主义起码在孔德时就已经存在了。"并且说:"我相信,多德和我在一般意义上和其他自然科学家一样,确实以共同的假定为出发点,即经验科学的资料是由通过人类感觉(例如,我们所有的反应,包括'感觉器官')中介而符号化的反应构成。"而且,"与所有自然科学家一样,我们当然反对这种想法……"见于"The Natural Science Trend in Sociology", *The American Journal of Sociology*, Vol. LXI, No. 1955, pp. 191 and 192。

4　Wiiliam S. Beck, *Modern Science and the Nature of Life,* New York, Harcourt, Brace, 1957.

5　"什么是社会学？"('What Is Sociology？') Universitets Studentkontor, Skrivemaskinstua, Oslo, September, 1948(mimeo)。这篇论文是为那些为建立研究机构而寻求一般性的指导的人而写的。因此用在这里恰如其分——简洁、清晰并且可信。我们也容易得到更为详细充分的阐述，比如在《社会研究的语言》一书中，*The Language of Social Research,* edited by Lazarsfeld and Rosenberg, Glence, Illinois, The Free Press, 1955。

6　同上书，pp. 4–5。

7　同上书，p. 5。"根据某些先验范畴，基本上由对一些文件的小单位（语词、句子、主题）的分类所构成的对材料的内容分析。" Peter H. Rossi, "Methods of Social Research, 1945–55," *Sociology in the United States of American,* edited by Hans Zetterberg Paris, France, UNESCO, 1956, p. 33.

8　以上各段的所有引述均来自拉扎斯菲尔德，op. cit, pp. 5–6。

9　同上书，p. 170。

10　同上书，pp. 7–8, 12–13。

11　op. cit, p. 20.

12　"心理主义"指在解释社会现象时，运用个体性格方面的事实和理论。就历史角度而言，作为一种学说，心理主义乃是基于对社会结构现实的形而上学的明确否认。在某些时刻，其追随者们可能会将结构的概念——就目前的解释看——缩减为一种环境。在更普遍的意义上，在对当前社会科学研究策略更直接的关注中，心理主义是以这样的认识作为基础：通过研究一系列的个体和他们所处的环境，我们的研究结论可以以某种方式，汇入关于社会结构的认识。

13　顺便地，我还必须强调，造成这些事实堆砌的研究单调乃至空洞的一个原因是，研究者很少或根本没有进行直接的观察。"经验事实"是由一些在科层机构指导下技巧生疏的人收集的。他们忘记了社会观察要求高度的技巧和敏锐的感觉；人们只有将富有想象力的思想潜入到社会现实中，才能真正有所收获。

第四章　形形色色的实用性

社会科学中的混乱既是道德上的,也是"科学上的",既是政治性的,也是学术性的。企图忽视这个事实,正是引起进一步混乱的原因之一。要评判社会科学各种学派中的问题与方法,我们必须先确认各种政治价值和学术论题,因为只有知道它是**谁的**问题之后,我们才能把问题陈述清楚。对某个人来说成为问题的,对其他人却根本不是问题,这要看每个人对什么东西感兴趣,以及他对自己兴趣的了解程度。而且,这里又出现了一个不幸的伦理论题:人们并不总是对符合他们利益的东西感兴趣,并不是每个人都像社会科学家常常相信的那样通情达理。所有这些意味着,研究人与社会的学者在他们的工作中,要承当和包含道德与政治上的决策。

一

社会科学的研究工作总要伴随着评估的问题。社会科学的传统里包含了往往很冗长教条的问题解析,煞费苦心的二面骑墙,以及许多推理缜密,中规中矩的观点。可却往往根本没有直接触及问题,零零散散的答案只是被假定(或采纳)为可行的,就像在研究技术专家的应用社会学中那样。根据他的方法所假设的中立,这样一名实践者并不回避这个问题——

事实上，他允许其他人为他解决这个问题。但是学术巧匠却一定会努力完成自己的研究工作，了解它的假设和含义，以及它对于他所研究的社会，他在社会中所扮演角色所具有的道德与政治意义。

人们已经广泛地同意如下思想，使它变得不足为奇，即你不能从事实的陈述或观念的定义中指导出价值判断。但这并不表明这些陈述和定义与判断无关。显而易见，大多数社会论题包含乱成一团的事实错误和模糊不清的观念，以及评估偏见。只有把它们合乎逻辑地分离清楚，才有可能知道这些论题是否真的含有价值冲突。

断定是否有这种冲突存在，如果它存在，那么分清事实与价值，这当然是社会科学常常要承担的一个基本任务。有时，这样一种区分很易导致对论题的重新陈述——以一种把它公开，以利解决的方式，因为它暴露了价值的不一致，而这些价值却为相同的利益集团所信奉。如果旧的价值不走向祭坛，新的价值就不能实现，于是，为了按新的价值行动，对新价值感兴趣的人只有坦言他们认为最有价值的是什么了。

但是彼此有实际冲突的利益集团会信奉某些价值，如此坚定，如此始终如一，以致无法通过逻辑分析和事实调查来解决冲突，那么理性在人类事务中扮演的角色似乎也演到尽头。我们可以澄清价值的含义和结果，可以让它们彼此一致，并可确定它们实际的优先次序，可以用事实来包容它们——但最后，我们也许会降格到断言和反断言；于是只能进行申辩或说服。而到最后——如果能坚持到最后——道德问题会变为权力问题，而且作为最后一着——如果能采取这最后一着的话——权力的终极形式是压制。

休谟的著名格言确有道理,我们不能从自己的信仰的东西里推导出应该如何行动。我们也不能从我们所相信的自己应该如何行动之中推导出其他人应该如何行动。到最后——如果真有最后结果——我们只好给那些不同意我们的人当头痛击了;让我们希望这个最后结果很少发生吧。与此同时,由于要做得尽量通情达理,我们实在应该提出理由进行证明。

我们要选择所研究的问题,在这种选择之中,就包含了价值,我们陈述这些问题时,要使用一些核心观念,在这些核心观念之中,也包含了价值,价值影响到它们的解决思路。如果考虑到观念,我们的目标应该是,尽可能多地使用"价值中立"的术语,并了解和明确仍保留下来的价值含义。如果考虑问题,我们的目标应该是:再次根据问题被选择的方式来明确价值,然后在对问题的解答中,尽可能地避免评估偏见,无论这个解答把人引向何处,无论它所包含的道德与政治含义会是什么。

顺便说一下,有些批评家根据其结论是晦暗的还是光明的,是消极的还是建设性的来评判社会科学的研究工作。这些欢乐的卫道士需要火热的抒情,至少也要在最后:他们会欣慰于十足的乐观主义氛围,由于这种乐观主义,我们活力焕发,神采飞扬。但我们所力图理解的世界并不总是让我们所有人政治上充满希望,道德上自我满足,也就是说,社会科学家们有时发现自己很难扮演无忧无虑的白痴。我个人恰好是一个很乐观的人,但我也必须坦白承认,我向来不能根据一个事物是否导致好的结局来对它下结论。首先,你要尽量实事求是地对待它,对它作完整的陈述——如果它前景黯淡,那实在很糟糕,如果它引发希望,那很好。而同时,对"建设性的方案"和

"充满希望的记述"的呼吁,却往往表明:即便这些事实已确定无疑是让人沮丧的,有些人仍不能接受实际的事实,这与真理和谬误无关,与对社会科学中一定的研究工作的判断无关。

有些社会科学家把学术精力放在研究小规模环境的细节问题上。但他也不会把自己的研究工作置于他所处时代的政治冲突与力量之外,至少是间接地、实际意义上的,他要"承认"社会的架构。但是,承担社会科学全面的学术任务的人,没有谁只能假定存在这一结构。事实上,他的工作是要揭示出这一结构,并将它作为整体研究。要完成这一工作**是**他的主要判断。并且,由于有那么多对美国社会的歪曲陈述,仅仅中立地描述它往往被认为是一种"原始的自然主义"。当然,遮掩那些社会科学家所假设、接受或暗示同意的价值并不是很难。就像我们都知道的,手头就有用于此工作的尚缺体面的工具:有许多社会科学(尤其是社会学)的专用语,就是产生于对不表态做派的正经其事的热情。

不管他是否真的想要,也不管他是否真的知道,任何投身社会研究并出版其研究成果的人**要**合乎道德地行动,并且一般也要涉及政治。问题是,他是否面对这种处境并作出决定,或者他是否向自己或其他人隐瞒情况,道德上随波逐流。目前,许多(我应该说大多数)美国社会科学家是自在的或不自在的自由主义者。社会上对热情地承担的恐惧,且这种恐惧正逐渐流行,而这些社会科学家亦怀有这种恐惧。**这种情况**,而不是"科学的客观性",是这些人在埋怨要"作出价值判断"时所真正企求的。

顺便要说的是,我不认为教课与著述完全相同。有人出版了一本书,它便成为公共财富:作者对他的大众读者的惟一责任(如果有的话)是把书写得尽量好,而且他是这本书的最终评判者。但教师还有更进一步的责任。在一定程度上学生是牢笼里的听众;并且要在一定程度上依赖他们的老师,对于他们,这位老师是某种意义上的榜样。他的首要工作是向学生尽可能地揭示一个被推想为有自我约律的头脑恰恰是如何思考的。在相当程度上,教学的艺术是以一种大声但易被理解的方式进行思考的艺术。在书里,作者常常是努力说服他人接受他所思考的结果;而在课堂上,教师应该努力向其他人说明一个人是如何思考的,同时揭示出当这个人思考有得时,他的感觉会多么美妙。所以在我看来,教师应该把各种假设、事实、方法和判断加以明确。他不应该保留什么东西,而是应该让事情一步步来,并在给出他自己的选择之前,不断重复揭示所有范围内的道德选择。但若是以这样一种方式写作,则会非常枯燥,也不可能保持自我清醒。这就是为什么那些精彩的讲演印刷成书之后,效果不佳的一个原因。[1]

我很难像博尔丁那样乐观,他写道:"尽管有实证主义者试图使人学非人性化,人学仍然是一门道德科学。"但要对罗宾斯(Lionet Robbins)持有异议则甚至更为困难,他写道:"毫不夸张地说,当代文明的一个主要危机起源于自然科学训练出来的思想并不能觉察到经济与技术之间的差别。"

二

这种情况本身不会让人心烦意乱;即使它未被面对,也已经广为人知。目前的社会研究往往为军事首脑和社会工作者,公司老板和监狱管理员等等这些人提供直接服务。这种科层制的运用倾向与日俱增,并且毫无疑问会持续下去。研究也同样被社会科学家和其他人以意识形态的方式运用。事实上,社会科学的意识形态意义就蕴含在它本身即作为社会事实的存在之中。每个社会都具有标明其自身性质的象征——具体地说,就是证明其权力体系和运作方式具有合理性的形象和口号。社会学家所创造的形象和思想,与这些盛行的形象或是一致或有矛盾,但他们都会给这些形象赋予意义。随着这些意义渐为人知,它们也逐渐得到充分讨论——以及运用:

通过证明权力安排和权力的支配地位的合理性的形象和思想,把权力转换成权威。

通过批评或揭露现行的安排和规则,剥夺其权威。

通过转移对权力、权威之争的关注,从而转移对社会自身的结构现实的关注。

这一类的应用并不一定是社会科学家要关注的问题。事实也许如此,然而对社会科学家来说,对了解其研究的政治意义却是非常普通的事。在这个意识形态的时代,即使有人不这么做,其他人也极有可能这样做。

人们对明确的意识形态合理化的需求已经大大增长,即使仅因为握有大权的新兴机构虽然建立可却还没有合法化,以及原有的权力已不再受老规则认可。比如说,现代大公司的权力,已不再借助自由主义学说来自动证明其正当性,这些自由主义学说构成了18世纪以来美国合法权威主轴。所有的兴趣和权力,热情和偏见,憎恨和希望都在求取意识形态机器,以便与其他利益集团口号和符号,教义和呼吁相抗衡。随着大众传播的扩展和加速,这些东西因为重复太多,其效果也在逐渐递减；所以人们就会对新的口号、信仰和意识形态有持续的需求。在大众传播和公共关系密集的情况下，如果社会研究依然不受对意识形态利器需求的影响，那就真的很奇怪了，若是社会研究者不能提供这种利器，那就更奇怪了。

但是，无论他是否意识得到，只要他作为社会科学家进行研究，那他就在一定程度上扮演了科层或意识形态的角色，并且这两种角色很容易合而为一了。为了科层制目的而使用的最为规范的研究技巧，轻易便对大概就在这类研究基础上做出的决策进行辩护。反之，将社会科学的研究成果用于意识形态，也很容易地就成为科层制过程的一部分：在今天，使权力合法化，以及使具体政策顺和民意的努力往往构成"人事管理"和"公共关系"的相当大部分。

从历史上看，社会科学更多是以意识形态方式，而非科层制方式得到应用；甚至直到今天，尽管权衡两者的天平不断摆动，情况可能依然如此。在某种程度上，意识形态的用途之所以产生，是基于如下事实，即相当多的现代社会科学一直在同马克思的著作反复进行未被人们注意的辩论，反思与挑战社会主义运动和共产主义政党。

古典经济学一直是资本主义体系主要的意识形态。在这一点上，它常常被人误读但却产生了一系列成果——这种情形甚至可比拟于苏联政治家对马克思著作的运用。经济学家们恪守自然法的形而上学和功利主义的道德哲学，经济学中的历史学派和制度学派对古典和新古典主义的批判已将这一点揭示得一清二楚。但是，只有求助于保守的、自由主义的或激进的"社会哲学"才可以了解这些学派。尤其从30年代以来，已成为政府和公司的顾问的经济学家已经运用管理技巧评论政策,并建立起详细的经济报道规则。这些活动虽然不一定很明显,但却非常积极地包含了意识形态及科层制的运用。

当前经济学的混乱,是政策问题,是方法和观点的混乱。同样杰出的经济学家宣布完全对立的观点。例如,C·闵斯批评他的同事固守"18世纪"原子式公司的概念,并呼吁建立由大型企业制定和控制价格的新经济模型。另一方面,里昂惕夫则抨击同事中出现的纯理论家与事实挖掘者间的分裂,并呼吁研究投入和产出的复杂架构……但克拉克又认为这样的"体系"只是"毫无针对性的细节和白费时间的分析",并且号召经济学家们思考如何提高"人类的物质福祉",以及减税的需求。然而,加尔布雷斯却又声称经济学家们应当停止对提高物质福祉的过分关注,美国已太富有,再进一步提高产出是愚蠢的。他号召他的同事们一致要求提高公共服务,增加税收(实际上是销售税)。[2]

甚至像人口统计学这样以统计见长的专业,也深深地卷入最初由马尔萨斯引发的政策冲突与事实争论之中。现在,许多这样的论题都集中于曾经是殖民地的地区。在这里我们发现,文化人类学已经以多种方式深入探索了殖民主义的事实和精神。从自由主义或激进主义的观点看,这些国家的经济和政治问题普遍被认为是对经济快速发展的需要——尤其是进行工业化以及所有与之相关的发展。人类学家参与了这场讨论,但却像那些原来的殖民地当权者似的,小心翼翼地回避必然与未发展地区变迁相伴随的动荡和紧张局势。文化人类学的研究内容及其发展历史当然不能由殖民主义的事实来"解释"——虽然这些事实与之不无联系。文化人类学还服务于自由主义或激进主义的目的,特别是它坚持说纯朴社会的人民很正直,人们性格的社会相对性,以及向西方人进行反本位观念的宣传。

一些历史学家似乎渴望重写历史,以便服务于那些只能被认为是当前意识形态的目的。一个目前的例子是美国人对南北战争之后公司和其他商业生活的"重新评价"。详细考察近几十年来美国的大部分历史后,我们必须认识到无论历史是什么或应当是什么,它都很容易成为民族和阶级神话的笨拙重塑。随着社会科学新的科层功用付诸实施,特别自二战以来,一直存在称颂"美国的历史意义"的尝试,一些历史学家在称颂中将历史变得有裨于保守的思想倾向以及其精神与物质上的受益者。

政治学家,特别是研究二战以来国际关系的那部分人,当然不能被指控在考察美国政策时,有反抗性的行为。霍顿教授声称,"绝大多数政治学学术研究的内容不过是合理化的注脚和沿街宣传这些政策",[3]也许他失之偏颇,但他用作证据的例子不经过完全的调查,就不能随意弃置一边。同样,如果不认识到政治学日后的大多发展对于了解重要的政治现实已无足轻重,却对官方政策和失误进行科学上吹捧,那么,洛戈教授的问题"伟大的论题究竟出了什么事"[4]就难以回答。

我提及这几个应用及其意义,既不是批评,也不想证明偏见。这样做仅仅是提醒读者,社会科学必然与科层常规和意识形态论题相关,这种相关包含于当前社会科学的多样化和混乱之中,于是最好明明白白地说明它们的政治意义,而不是对之遮遮掩掩。

三

19世纪下半叶,美国社会科学与改革运动和改良活动直接联系。1865年以"美国社会科学学会"的形式组织起来的、广为人知的"社会科学运动",是19世纪后期人们不凭借显见的政治策略而"运用科学"以解决社会问题的尝试。简要地说,其成员们寻找将较低阶层人民的困苦转变为中层阶级论题的途径。在20世纪早期的数十年中,这一运动依然继续向前发展,却不再是激进的中产阶级意识形态改革的;对福利的更迫切渴求变成了对社会工作、联合慈善团体、儿童福利以及监狱改良的有限考虑,不过在"美国社会科学学会"之外,又兴起了几个专业协会和社会科学中的几门学科。

于是,早期中产阶级社会学改革发生了分化。一方面,它分化成了不同的学术专业,另一方面,分化成为更具体、更制度化的福利活动,然而,这一分化并不意味着学术专业变得道德中立、并具有科学的客观性。

在美国,自由主义一直是几乎所有社会研究政治上的共同尺度,以及几乎所有公共修辞和意识形态的来源。人们普遍认为,众所周知的历史背景,即可能首先是美国没有封建主义,从而反资本主义精英和知识分子的贵族基础也不存在,是导致自由主义盛行的原因。依然限定商业精英中很重要一部分人视野的古典经济学的自由主义,一直具有政治功能;甚至在最复杂的经济学描述中,人们也一直恪守平衡或均衡的思想。

以更为扩散的方式,自由主义也影响了社会学和政治科学。与其欧洲传统相反,美国社会学家强烈倾向于同时研究经验性的细节事实和情境问题。一言以蔽之,他们倾向于分散关注点。根据"知识的民主理论",他们假设万物生而平等,并且坚持认为任何社会现象背后必然存在大量微小的原因。这种人们称之为"多元主义因果律"的思想对于"渐进式"改革的自由主义政策十分有用。事实上，这一社会事件的起因必然是大量、分散而细微的思想，很容易陷入所谓自由主义实用性的视角。[5]

如果说历来含糊不清的美国社会科学还存在一个指向的话，那它一定是对分散研究，对事实调查的癖好，以及与此相伴的对多元主义含混的因果关系的信仰。这是自由主义的实用性作为一种社会研究风格所具有的本质特征。如果任何事件都是由不可计数的"因素"促成，那么我们在采取实际行动时最好万分谨慎。我们必须处理许多细枝末节，所以在改进某一细节前，得先改进另一个细节，看看结果，这才是明智的。毫无疑问，我们最好不去信奉某一教条，并且不执行过于庞大的行动计划：我们必须在介入全面互动时，十分清楚自己还不知道并且永远不可能知道发生影响的全部因素。作为研究具体环境的社会科学家，我们必须洞察许多微小的原因；为了像务实的人一样明智地采取行动，我们必须是一定情境中零碎的改革者，一会忙这，一会改那。

且慢，一定有人曾经说过，事情并非如此简单。如果我们将社会分割成微小的"因素"，很自然，为了阐述某一事件，就必须借助于相当多的"因素"，而我们永远也不可能确定我们是否全部掌握了它们。由于单纯在形式上强调"有机整体"，加上不能想出充分原因——通常是结构性的——以及一次只能调查一种情境，这些思想确实使我们难以了解当前状况下的结构。为了平衡起见，我们也许有必要提醒自己参考一下其他的观点：

第四章　形形色色的实用性

首先,"原则化的多元主义"与"原则化的一元论"一样,都是教条的,这不是很明显吗?其次,在研究原因时不被湮没,难道这不可能?事实上,这不正是社会科学家在考察社会结构时应当做的吗?进行这类研究时,我们当然要尽力弄清事件的充分原因,并在弄清之后,阐明这些战略要素作为政治和管理行为的目标,给予人类一个机会,使理性得以在人类事务中发挥作用。

但是在自由主义实用性的"有机"的形而上学中,无论什么有利和谐均衡的因素,都会被强调。在将所有事务都看做"持续性运动"的观点中,突变的步伐和革命的混乱——这是我们这个时代如此鲜明的特征——被忽略了,或者,即使没有忽略,也仅仅当作"病态"、"失范"的象征。由单纯的短语如"多数"或"社会"所暗含的常态和假想的统一,降低了观察现代社会结构全貌的可能性。

造成自由主义实用性之片断性的原因是什么呢?为什么出现研究零散情境的社会学呢?学术系科的奇怪分类,也许会帮助社会科学家们分解他们的问题。社会学家似乎尤其感到,过去社会科学的各个分支并没有为社会学留下一席之地,也许正如孔德以及帕森斯这样的伟大理论家一样,社会学家需要一些属于自己的东西,而且能显著地区别于经济学和政治学。但我不相信学术争鸣中学科的限制,或能力不够,就可以充分解释自由主义实用性抽象水平低,以及由此造成的其信徒无法思考社会结构问题。

想一想那么多社会学书籍的受众:该学科中大部分"系统的"、"理论的"研究是由教师为了授课目的而在教科书中进行的。不要忘了,社会学在与其他学科的对抗中往往赢得学术生存权,这一事实可能增加了对教科书的需求。现在,教科书本着使青年人也能读懂的原则,而不是围绕研究和发现的增长点来组织事实。于是,教科书很容易就变成相当机械的对事实的收集,以说明多少还算固定的概念。人们在编排事实,使之有一定教科书次序时,一般不大重视新思想的研究可能性,以及思想与事实的相互作用。旧思想与新事实通常比新思想更重要,由于新思想可能会限制为授课而编排的教科书的"实用性",因而常常被认为是危险的。文章采用与否,要由教授们做出判断,并决定其成功。毕竟,我们要记住,充实新的讲授笔记确实耗费时日。

但是,什么人学习这些教科书呢? 他们过去主要是中产阶级的年轻人;其中许多人——尤其是中西部学校——出身于农场主或小商人;他们将成为专业人才和低级主管,要描写他们就必须写到相当独特的上升中的中产阶级。著作者和公众,老师和学生有着相似的社会经验。他们来自相同的地方,有着一致的目标,并且在人生的道路上共同承担风云的变幻。

在老的实用的情境社会学中,很少以激进方式思考政治问题。自由主义实用性则不谈政治或渴望民主机会主义。其信徒们触及政治事务时,通常以"反社会"或"腐败"来表述政治事务的"病态特征"。在其他条件下,"政治"则似乎等同于政治现状恰切运作;也很容易等同于法律或行政管理。他们几乎不考察政治秩序本身;只是简单地假设它是十分牢固长久的框架。

自由主义实用性与那些凭借其社会地位——通常具有一定程度的权威——控制个人问题的人们十分投合。法官、社会工作者、精神卫生专家、教师和本地改革者倾向于根据"处境"思考。他们的视野受现存标准的限制,而专业训练又使他们无法超越一系列"个案"。他们的经验,他们观察社会的立场太相似、太和谐以致不能容忍各种思想的竞争,不能容忍可能导致建构整体尝试的对立观点存在。自由主义实用性是一种道德化的情境社会学。

"文化滞后"的观点正是这种"乌托邦"进步性思想风格中的一部分。这一思想表明,随着技术不断进步,人们需要做出一定改变以"与技术相适应"。尽管"滞后"发生于现在,但其原因却在过去。于是,判断也就被伪装为有时间先后的叙述。作为对"进步"不一致的评判,文化滞后对怀有自由主义和祈愿思想倾向的人们有重要的用途:它告诉他们哪种变迁是人们所"热切需求"的,而哪种变迁"本应"出现可却没有出现。它告诉他们人们在哪个地方取得了进步,又在哪个地方做的还不够理想。当然,对"滞后"病理的审察,一定程度上被它呈现的历史表象,以及被粗鲁地塞入诸如"热切需求"之类假装客观辞令的小计划弄得复杂化了。

用文化滞后来阐述问题会掩盖评价,但更重要的问题是,哪种评价易被自由主义实用性采用。"制度"在整体上滞后于"技术和科学"的思想十分流行。它对科学和井然有序的发展变化给予积极评价;简言之,它是启蒙运动中自由主义的延续,而启蒙运动秉持完全的理性主义,对作为思考和行为模式,以及构造进步将随时间继续的观念模型的自然科学,怀有先知般的,而现在看来则是政治上天真的崇拜。曾经盛行一时的苏格兰道德哲学,将进步的观念传入美国学院。内战之后直至上一代人,那些掌握了生产工具,不断赢得政治权力和社会声望的商业人士成为美国的城市中产阶级。社会学家中老一代学者们有许多或来自这些上升中的阶层,或与他们积极地融为一体。他们的学生,即他们思想的受众就曾是这类阶层的产物。人们常常注意到,进步的观念总是投合于那些在收入和地位方面处于上升状态的人们。

运用文化滞后观点的那些人,并不经常考察利益团体和决策者所处的地位,而他们则可能是导致某一社会各个地区"变化率"不同的背后力量。人们也许会说,在文化这一部分的变化率上,"滞后"的常常是技术。这无疑是30年代的实情,而目前在很大程度上,情况依然如此,比如在家用技术和人员运输方面。

与许多社会学家运用"滞后"相反的是,凡勃伦的用语"滞后、超越和冲突",则引导他对"工业相对于商业"进行了结构分析。他问道:"滞后"在哪引起麻烦?他力图揭示那些因循企业标准的商人训练出的无能,如何导致对生产和生产力造成彻底的损害。他也在一定程度上了解利润创造在私有制体系内的角色,但对"非工人式的成果"并不特别关心。但他主要之点在于揭示了"滞后"的结构构成。然而,许多社会科学家应用"文化滞后"的观念时,将其政治意义滤掉,使它丧失了这种具体和结构性的寄托点:他们将这一思想一般化,以期运用于所有事物,但总是以一种零碎方式应用。

四

我们考察实用的问题时要作出评价。被持"自由主义实用性"的学者们认为是"问题"的,往往(1)偏离了中产阶级、小城镇的生活方式;(2)不符合稳定与秩序的乡村原则;(3)与乐观主义的"文化滞后"的口号不一致;(4)与"社会进步"不相协调。但是(5)互为对立的"调适"与"失调"的思想却在很大程度上揭示了自由主义的实用性的关键所在。

这个思想往往很空洞,没什么具体内容,但它的内容实际上也经常是一种政治宣传,鼓动人们服从那些与小城镇中产阶级达到理想适应的规范和特性。但这些社会和道德因素被"适应"这一术语所包含的生物学的隐喻意义给掩盖了;事实上,这个术语还与诸如"存在"和"存活"之类的几乎不包含任何社会意义的术语连用。由于有生物学隐喻意义,"调适"这一概念成为正式的、普遍的概念。不过,人们对此术语的实际运用却表明,他们接受小社区环境里人的生活目标及手段。许多作者建议使用被人们认为不怎么会引起混乱的手段来实现给定的目标;可他们一般并未考虑到,如果不改变整个制度框架,那些处于非特权位置的群体和个人是否可能实现这些目标。

调适的观念似乎最直接可行于如下的社会舞台,在这个舞台上,一方面是"社会",另一方面是"个体移民"。因而,移民必须"调适"自身以适应社会。"移民问题"显然处于社会学家关注的中心,在用于阐释"问题"的一般模型之中,就包含了表述"移民问题"的思想。

根据细致考察"失调"的具体表现,我们可以很容易推导人们认为什么东西是理想意义上的"被调适了的"。

总的说来,在上一代的社会科学家和自由主义的实用性的思想家们头脑中,理想化的人是"社会化了的"人。这往往表明在伦理上,他绝不"自私"。由于被社会化,他会为他人着想并友善地帮助他们;他不会愁思百结,顾影自怜;相反,他有些外向,踊跃参加社区的日常活动,帮助社区在一个可以调整的有序步伐下"取得进步"。他加入很多的社区组织并为之服务。即便不是十分投入的"参与者",他当然也会不时在外面瞅瞅。他乐于服从传统的道德与动机。高兴地投身受人尊重的制度的逐渐进步之中。他的父母可不会离婚,他的家庭也不会无情地破裂。他可真是"成功",至少是以谦恭方式取得成功,因为他的进取意识也是很有分寸的;但是,对于过分超越自己能力的事情,他绝不会加以考虑,以免成为一名"脱离实际的思想家"。作为一名处境尚可的小人物,他不奢求赚到大钱。他的一些品质太普通,所以我们说不出它们有何意义。但有一些则很具体,乃至我们认识到在这种地方性环境下被调适的人的品质,是与人数不多的独立的中产阶级的期望规范相对应的,这些规范生发于美国小镇的新教徒的理想。

我愿同意这个讨人喜欢的自由主义实用性的玲珑世界,一定在某个地方存在,另外,它当然也可以被制造出来,对于制造它,似乎没有谁比上一代的美国社会学家更理想,也没有什么观念比自由主义实用性与这个任务更为相契。

五

几十年前,在老的实用性之外,又产生一种(事实上是好几种)新的实用性。自由主义更成为一种福利国家对社会服务的行政管理,而非改革运动;社会学的改革推动力丧失殆尽,它趋于研究支离破碎的问题和零散的因果关系,并在公司、军队和国家政权中被保守主义者保守地运用。由于在经济、政治和军事秩序中,这些科层组织越来越占支配地位,"实用的"意义已发生变化:人们认为,能够为实现这些大制度的目标服务的东西才是"实用的"。[6]

也许"工业人际关系"学派可作为这种新的实用性的简单例子。[7]当我们考察这一风格的著作中涉及管理者和工人的所有术语时,我们发现管理者们常常用如下这些分界线来描述:"聪明—愚笨","理性—非理性","博学—无知";而工人则经常是用如下分界线来描述:"快乐—抑郁","高效—低效","士气高涨—士气低落"。

这些学者所提出的许多建议,无论是明示的还是暗示的,都可以用如下的简单公式加以明确概括:要让工人们快乐、高效、乐于合作,我们只需要让管理者们成为聪明、理性和博学的人。这就是人际关系的政治公式吗?如果它不是,那么这个公式包含什么内容?如果是,那么从实用角度讲,难道这一公式不是把工业关系中的问题"心理学化"了吗?难道它不依赖利益的自然和谐这一经典公式,而这一公式目前不幸地受到人际关系脆弱性的影响,并由管理者的愚笨和工人抑郁的非理性暴露出来?根据这些研究所概括出的建议,能使管理人员在多大程度上通过更深入地了解工人,弄清工人们针对管理者形成的非正式团结,来放松权威姿态,增强他对雇员的控制力,以保障更有效、更顺利、麻烦更少的管理。通过士气的概念,所有这些成为人们目光集中的关注点。

人们在现代工业中的工作就是在等级制下工作:其中有一条权威的界线,而从下面来看,则它是服从的界线。有许多工作是半常规性的,这表明为了得到更高的产出率,每个工人的操作都衔接紧密,并模式化了。如果我们把如下两个事实结合起来,即工业结构的等级制本质和工作的半常规特性,那么很显然,现代工厂的工作包含了纪律:对权威的迅速而模式化的服从。所以,对充分理解士气问题来说,人际关系专家们所操纵自如的权力因素,是非常关键的。

可毕竟,由于工厂既是工作的地方,也是社会关系形成的地方,所以要定义士气,我们必须考虑客观和主观的尺度。**就主观角度而言**,士气似乎意味着工人愿意完成手中的工作,完成时心情很不错,甚至非常高兴。**就客观角度而言**,则士气似乎意味着工作干得很有效率,大多数的工作是在最短时间内,用最少的钱以最小的困难完成。所以,在现代美国工厂,士气一定与工人快乐的服从有关,这种服从引起的结果是,管理层认为,工人在高效从事手中的工作。

要把"士气"的思想阐述清楚,我们需要说明用作尺度的各种价值。工人的快乐或满足,他有权决定自己的工作生活进程的程度,这两个价值似乎彼此相关。如果把考虑范围再扩大一点,我们会想起有一种自我管理的巧匠的"士气"特性,这名巧匠能参与有关他工作的决策,并且也乐于这么做。他们是亚当·斯密—杰弗逊所说的未被异化的人;或者是惠特曼称之为"活在野外的人"。我们还记得,当大规模的等级制工作组织出现之后,用于想象这种人的所有假设条件都有点荒谬可笑了。事实上,通过引入这一因素,我们可以以非常严格的逻辑从经典的自由主义中演绎出经典的社会主义。因而,从经典的"工人控制"的思想中,可以设计出第二种类型的"士气",而且,事实上,它已经被设计出来了。在大规模集体工作的客观条件下,它是为未被异化的人而假想出来的形式。

与人际关系专家们所设计的这两类"士气"相对立的是工人的士气,他没有权力,可仍然很快乐。当然,有许多人属于这种人,但重要之处是如果不改变权力结构,就不可能有集体性的巧干之道和自我指导。"人际关系"专家们所设计出的士气是这样的人的士气,他们被异化了,但服从于被规整了的或传统的对"士气"的期望。因为假设已存在的工业架构是不可变更的,以及管理者的目标也是所有人的目标,"人际关系"专家们没有考察现代工业的权威结构和身处其中的工人的角色。他们用非常有限的术语来定义士气问题,用自己的方法向管理主顾们揭示如何才能在现有的权力架构下提高雇员的士气。他们的努力是用于操纵的。他们会允许雇员"发泄怒气",而不改变他工作时所处的结构。他们"发现"的是:(1)在现代工业的权威结构("正式组织")中,存在着身份组合("非正式组织");(2)这些身份组合抵制权威,并在工人们反对权威的运用时,对他们予以保护;(3)所以,为了保证效率,避免出现"不合作"倾向(工会和工人团结组织),管理者不应打破这些组合,而是应该让他们自为其用("在全体性组织的集体目标之中");(4)对它们加以注意,加以研究,就可以实现上述目的,以便操纵介入其中的工人们,而不是只靠权威来命令他们。总之,人际关系专家们已经为现代社会提出了以一种巧妙方式朝向合理化的趋势,而这是为管理精英们服务的。[8]

六

新的实用性给社会科学和社会科学家带来新形象。新的部门也出现了,这种保守主义的实用性就安置于这些部门之中：工业关系中心、大学的研究部门、新的公司研究机构、空军和政府。它们不关心在社会底层挣扎的人们：坏男孩、放荡女人、移民工人和尚未美国化了的移民。相反，它们幻想，实际也在与社会上层相联系，尤其是与开明的商业经理和掌握大笔预算的大人物相联系。在社会科学家们的学科史上，他们第一次与那些比福利机构和农业与家政顾问层次高得多的私人及公共权力建立了专业上的联系。

他们的地位变化了——从学院到科层组织；他们面向的公众变化了——从发起运动的改革家到决策层；他们研究的问题变化了——从他们自己选择的问题到他们的新主顾们的问题。学者自身在学术上的叛逆性渐趋削弱，而在行政上却更加实用。由于他们一般都接受现状，所以都倾向阐释由（行政管理者相信自己所面对的）困扰和论题所引发的问题。正如我们已看到的，他们研究不安分的、没有士气的工人，研究"不理解"人际关系管理艺术的管理者。他们还兢兢业业地为通讯和广告业的商务目的服务。

这种新的实用性，是对下述状况的学术上回应，即人们对处理"人际关系"的管理专家，以及对作为权力体系的公司商业进行新的正当性辩护的需求激增。这些人事和意识形态上的新需求，起因于美国社会的变迁，即工会兴起，与企业争夺工人的效忠，以及经济萧条期间公众对商业的敌视；现代公司权力的超大规模及其集中；福利国家扩张，并为公众认可，以及它对经济事务日益严重的干涉。这些发展都涉及如下转变，即高层的商业世界人士，从所谓的经济上的实用保守主义转向政治上世故的保守主义。

持有乌托邦式的自由放任的资本主义意象的实用保守主义者，从来都不认为工会在政治经济体系中是必要，或是有用的。只要有可能，他们就要求解散工会，或对之加以限制。实用保守者的公开目标历来是私人获利自由。这种直言不讳的观点在许多小的商业圈中，特别是零售商中依然占据主导，并且在大的商业活动中也是如此。通用汽车公司和美国钢铁公司这两个巨无霸型的公司在大的商业活动中明显表现出它们所主张的保守主义的"实用性"。溯及渊源，实用保守主义是基于这样的事实：商人们未曾感到对创新或更复杂的意识形态的需要，他们所秉持的意识形态与广为流播无法逆转的公共思潮太接近、太一致了。

　　只有当未经合法化、不能给自己罩上已有的权威符号的新权力中心崭露头角时，人们才会需要新的证明权力正当性的意识形态。以出于保守目的而运用自由主义符号著称的世故的保守主义者，至早可以追溯到本世纪初，那时，商业正受到揭发丑闻的调查者和从事改革运动的新闻记者的冲击。在大萧条的氛围下，随着瓦格纳法案的通过，他们又继续发展；到二战中及战后，他们开始占优势地位。

　　与实用派的右翼普通成员相反，世故的保守主义者对于在经济体系中谋取利润的政治条件非常警觉，在此条件下，强大的工会与强大的商业组织，在膨胀的自由主义政府的管理框架中是针锋相对的。当工会和政府竞相争夺工人和公民的支持时，他们也敏锐地感到需要能证明其权力正当性的新的符号。

　　新实用性的商人们的关注点通常似乎是明了的。但教授的情况又怎样呢？他们的关注点是什么？与商业的代言人相反,他们主要不考虑实用的金钱、管理或政治上的意义。对教授们来说,这些结果主要意味着其他目的。在我看来,这些目的主要集中于他们自己的"职业"上。毫无疑问,教授们很欢迎可能随着新的研究活动的展开、接受求询者咨询而来的报酬小幅提升。他们不一定满足于帮助经理们管理工厂,创造更高的收益和承担更低的风险;而在为已存在的商业当权者们建立新的、人们更易接受的意识形态时,他们的权力也不一定增长。只要他还是一名学者,外在于学术的目标,就未必会集中于这样的满足感上。

他们的参与部分是对新的工作机会的回应,这些机会是随着商业和政府,以及公司、政府、工会之间新的制度关系的规模及其科层化特征的日益增长而出现的。这些进展意味着对专家的需求增长了,因而校园内外的职业机会也增多了。作为对这些外部需求的回应,高等教育中心日益培训出似乎不理政治的技术专家。

相对于那些固守书斋生活的人,一种不同于旧式教授的新型职业已开始流行,或许可以称之为"新企业家"的职业。通过追求校外的声望和获得即使是小范围的权力,这类雄心勃勃的建议者能够在大学内部将这一职业推进一步。首先,他能够在校园内成立接受可观资助的研究和教育机构,在学术共同体和从事实际事务的人们之间建立生动活泼的关系。在他与世隔绝的同事当中,这种新企业家往往成为学校事务的领导者。

我想,必须承认的是,美国的学术职业往往不能使有雄心的人满足于学术生活。这一职业的声望一直未能与所付出的经济上的牺牲相适配;学者的报酬以及生活方式往往是一团糟,而许多学者的不满更由于发现远不如自己聪明的人却在别的领域获得了声望和权力而加剧。对这类郁郁寡欢的教授,社会科学管理功用的发展为他们提供了令人满意的机会,成为所谓的管理人,而不用非得当系主任。

然而,到处有证据表明,甚至在急切要改变现状的年轻者中,这些新职业在把他们拖出学术陈规的同时,又会使其陷入至少不那么令人满意的境地。不管怎么说,这种忧虑都是存在的,而新的学术倡导者似乎又不太了解新的目标究竟是什么;真实情况往往是,他们似乎还没有在头脑里牢固确立起怎样才能算成功完成这些模糊目标的标准。这不正是导致他们难以遏制的心烦意乱的焦虑状态的源泉吗?

美国的整个学术共同体,在道德上是容纳已包含在其中的新实用性的。在大学内外,教育中心里的人成为行政机器内的专家。这无疑限制了他们的注意力以及可能进行的政治思考的视野。作为一个群体,美国社会科学家们即使有,也极少大规模地介人政治,朝向技术专家角色的发展趋势强化了他们非政治的视野,减少了他们的(如果可能的话)政治参与,并且由于往往弃置不用,甚至削弱了他们把握政治问题的能力。这就是为什么人们往往能碰到比社会学家、经济学家以及(特别令人遗憾的是)政治学家更具政治敏感和学术视野的新闻记者的一个原因。美国的大学体制很少有提供政治教育的,也很少讲授关于权力在现代社会中的斗争状况。绝大多数社会科学家与社区中的不安定部分,极少有或没有持久的联系;可使一般水平的学术实践者在学术生涯中建立起相互教育关系的左翼出版社,并不存在。没有哪些运动会支持热衷于政治的知识分子,赋予其声望,更不用说给提供工作了,而学术共同体即使有也很少在劳工团体中存有根基。

所有这些意味着,美国学者的处境允许他们采纳新实用性,而不需要意识形态的转换,也不必有政治上的罪责感。所以,若是说有人正在"出卖自己",那就有些天真了,而且也不甚妥当;因为,这种苛刻的词汇只有在确实有东西出卖时,才是妥当的。

注释

1 我从巴尔赞和格拉夫的书中做了这两个摘录,见于 The Modern Researcher, New York, Harcourt, Brace, 1957, p. 17。

2 比较《商业周刊》(Business Week, 2 August 1958, p. 48)对经济学家所作的评论。

3 《在西部政治学协会上的讲演》(Speech to Western Political Science Association, 12 April, 1958)。

4 《美国政治学评论》(American Political Science Review, September, 1957)。

5 参见米尔斯《社会病理学家的职业意识形态》(The ProfessionalIdeology of Social Pathologist, American Journal of Sociology, September, 1943)。

6 甚至作为自由主义实践性的主要学术席位的"社会问题"的特质,也反映了这种由旧向新的实用性的转变。"社会解组"的课程不再维持原状。1958年,其实践者对他们所采用的价值,有了更为深刻的认识。在一定程度上,这一领域成为政治上一般意识形态的一部分,成为一个关键的压力团体,并且成为福利国家的行政附庸。

7 对"梅奥学派"(The Mayo School)更详细的论述,参看米尔斯《社会学对工业关系学的贡献》("The Contributions of Sociology to Studies of Industrial Relations"),收于 Proceedings of First Annual Meeting of Industrial Relations Research Association, Cleveland, Ohio, 1948。

8 当然,不能认为社会科学家在这一领域的调查不比工业人际关系学派做得更好。

相反，社会科学家已做出非常出色的调查，还有更多的，目前正在进行之中。例如林德布洛姆、唐纳普、弗姆、米勒、穆尔、艾伦、利普塞特、斯太格勒、康豪舍、怀特、杜宾、罗斯（Charles E. Lindblom, John T. Dunlap, William Form, Delbert Miller, Wilbert Moore, V. L. Allen, Seymour Lipset, Ross Stagner, Arthur Kornhauser, William H. Whyte, Robert Dubin, Arthur M. Ross）等人的研究，而且我只是提及了一小部分。

19世纪社会科学的一个宏伟主题就是在现代资本主义的演进中，人们由于结构的改变而陷入无权的境地，与此同时，他们在心理上变得叛逆，又更加苛求。于是，历史发展的中心线索就凸现出来：随着理性自觉和知识的普及，工人们会以集体联合的方式觉醒，摆脱异化，发展出胜利的无产阶级的士气。卡尔·马克思关于结构变迁的观点大都是相当正确的，只是对其心理上后果的看法，则有失误和不充分之处。

随着工业社会学理论问题在士气概念中达到学术和政治的顶峰，它已成为一个探讨异化和士气类型的问题，当我们系统地思考权力结构及其对工人个人生活的意义时，将会碰上它。这要求我们考察，伴随着结构转换，人们心理有多大程度转变；并考察每种情况为什么发生。在这些方向上，蕴含着研究现代人工作生涯的社会科学的前景。

第五章　科层制气质

在本世纪过去的二十五年中,社会科学的政治含义及其行政运用有了决定性的转变。原有的围绕"社会问题"的自由主义实用性仍在发展,但它比起关注管理与操纵的新型保守主义的实用性,则相形见绌。这种新的非自由主义的实用性有多种形式,但它作为总体性的趋势,影响了整个人文学科。我也将用一个有关合理化的显要例子来引入我对这种时代精神的讨论:"准备成为社会学家的学生需要一个具有决定意义的告诫。"保尔·拉扎斯菲尔德已经写了下面这段话。

> 他也许会担心世界的局势。爆发新战争的危险,社会系统间的冲突以及他所观察到的国内发生的急遽社会变迁很可能使他感到研究社会事务极为迫切。而危险在于,他会希望只学几年社会学就可以解决当前的所有问题。不幸的是,事实却并非如此。他当然会更好地理解周围发生的事情。有时,他也会找出成功的社会行动的指引。但是社会学尚未发展到能提供一个"社会工程的安全基础"的阶段,……从伽里略到工业革命爆发,自然科学用了250年时间才对世界历史发生重大影响。而经验社会研究只有三四十年历史。如果指望从中能得到对世界重大问

题的迅速解答，要求它能迅速产生实际效果，那只会破坏它的自然发展。[1]

最近几年人们所说的"新社会科学"，所指的不仅是抽象经验主义，还包括新的非自由主义实用性。这一说法既针对方法，也针对其应用，并且这种指称很正确；因为抽象经验主义的技术方法及其科层式的运用，目前一般是结为一体的。我的看法是，由于它们结为一体，它们将造成一种科层制社会科学的发展。

目前所实践的这种抽象经验主义，其存在和所产生的影响，都体现了一种"科层制"的发展。（1）它试图把社会调查的每一步都标准化、合理化，使得抽象经验主义风格的学术操作过程本身变得"科层制"了。（2）如此的学术操作使对人的研究通常是集体性的和系统性的。研究团体、中介机构和办事处和谐融汇着一定的抽象经验主义，若无其他目的，那仅仅是为了效率，也发展起和公司财务部门一样合理化了的例行规范。（3）这两种发展，又与这一学派的研究小组成员选择与培养的新的心智品质有着重要关联，这些心智品质既包括学术上的也包括政治上的。（4）由于这种抽象经验主义在商业部门——尤其是在广告公司的沟通部门，在军事组织，并逐渐在大学中得到实行，"新社会科学"已开始投合于科层组织的服务对象所持有的任何目的。那些推进并实践这种研究的人，轻易地假定其科层组织中的服务对象和指导者们的政治观点是正确的。而他们假定这些观点正确，往往也就顺理成章地接受了它们。（5）鉴于这些研究对完成其宣布的实践目标很有成效，它们有助于提高现代社会中科层制统治手段的效率、声望，以及一定程度上,它的普及程度。尽管对实现这些直观的目标它是否很有效这一问题颇可商榷,但它们的的确确使科层制的气质渗透入文化、道德和学术生活领域。

一

正是那些深入从事"应用社会科学"和"人类工程"研究的人会急于发展、追求道德上客观的方法,这个现象看上去颇具反讽意味。由于以抽象经验主义风格从事的研究费用很高,所以只有大组织才能轻松地承担。这些大组织包括财团、军队、政权机构,以及它们的附属,尤其是广告商、推销商和公关机构。还有基金会,但掌管基金会的人员往往倾向于根据实用性的新准则行事,也就是说,从科层组织的角度来看是适当的准则。结果,不同时期有其突出的占中心地位的组织来体现这种研究风格:20年代是"广告商与营销商",30年代是"大财团与集团化的民意调查机构",40年代是"学院及研究办事处",二次世界大战期间,是联邦政府的研究部门。组织形式目前还在不断扩展,但这些组织仍占中心地位。

这种费用颇高的研究方法带有形式主义,该形式主义使它在为付得起也愿意支付这笔费用的人提供他们所需的信息方面尤为有用。新的应用研究的关注点也集中于具体问题之上,从而为实际的,也就是说,金钱和行政上的行动明确不同的选择。有人说社会科学只有在发现"一般原则"后才能提供"可靠的实际行动指导",这种说法一点也不符合实情;行政官员常常需要了解具体的细节性事实及其关系,而这往往也就是他需要或想要了解的全部东西。由于抽象经验主义的实践者往往不太关注设定自己的根本性问题,所以他们对自己所选择的与众不同的问题并不十分留意。

从事应用性社会研究的社会学家通常不为"公众"发言,他有自己特定的服务对象,这些服务对象有自己特殊的兴趣和困惑。这种从公众到服务对象的转变显然损害了"超然客观性"的思想,而"超然客观性"的思想则有赖于我们对不很明确的、没有具体指向的"压力"的反应,它依托于研究者的个人兴趣,以他个人的微观方式与别人的兴趣相区别,从而不受他人支配。

对学者的事业来说,所有的"思想流派"都是有意义的。"好的研究工作"是根据它是否与已有的学派相谐和来界定的,因而学术上的成功逐渐依赖于积极接受占统治地位的学派的信条。只要多多少少还有一些不同"学派"存在,尤其是在不断膨胀的专家市场中存在,这种要求是不需要强加于任何人头上的。

除了他自己的个人限制,社会科学的个人能手要做出高水准的研究工作,并不存在太多障碍。但这种独立的个人不适于从事抽象经验主义的研究,因为只有在一个研究机构充分发展起来,能提供相应的材料,或许我应称之为流水作业线之后,这种研究工作才能开展。实践抽象经验主义需要一个研究组织,以及用学术语言来说的大笔的资金。由于研究费用上涨,研究小组形成,这一研究风格自身的花费越来越高,这就产生了对劳动分工的总体控制。把大学视为一个专业伙伴的圈子,各人在其中指导自己的学生,实践自己治学方法的思想将会被以下思想取代,即把大学视为一整套研究性的科层组织,每一组织有其详尽具体的劳动分工,因而也包括学术技术专家的分工。若无其他原因,只是为了有效地利用这些技术专家,也越来越有必要使这些程式法则化,以使人们能较容易地学会这些程式。

研究组织在很大程度上也是个培训中心。和其他组织一样,它选择一定的思想类型,并通过它所提供的回报,对特定思维品质的发展予以鼓励。与更多的老派学者和研究者一道,在这些组织中出现了如下两类人,他们在学院舞台上尚属新面孔。

首先,是学术行政官和研究发起人——关于他们,我想我说不出什么大家在学院中还感陌生的东西来。他们在学院中的声誉在于他们所拥有的学院权力:他们是委员会的成员,置身校董会之列,他们提供工作、旅行和研究许可证,他们是奇怪的新型官僚。他们是思想的经理,基金会中专门的公关人员。对于他们,与其他领域的发起人和经理一样,便条、备忘录等等正在取代书本。他们可以以极为高效的方式建立一项项研究方案或机构,他们掌管了"书本"的生产。他们说自己的工作时间是"天文数字的技术劳动工作时"。而同时,我们不要过分期待从他们的工作中会产生多少实质性的知识:产生这些知识首先要求我们必须对方法和探究模式的方法论进行探讨,然后还必须有"前导性研究"。许多基金会行政官喜欢把钱投向大规模的因而比众多小手艺活式的计划更易于"管理"的计划;投向带有一个大写的"S"的科学(Scientific)的研究计划,而这个"S"往往代表该研究只注重细枝末节而保证了"安全"(safe),因为他们不想使之牵扯政治。因而,大的基金会倾向于以大规模的科层式的研究方式去研究小规模的问题,并挖掘出能胜任此项工作的学术行政官。

其次,还有学术新手们,比起社会科学家这一称谓,还是用研究技术专家来形容他们更好一点。我明白,这是个很大胆的断言,但我其实还是挺谨慎的。要理解一种风格的思想的社会意义,我们必须始终区分清楚领导者和追随者,创新者和墨守成规者,打江山的第一代和守江山的第二代第三代等等。所有获得成功的学派都包含这两种人,而这种情况事实上已成为判断一个学派是否"成功"的标准。它也是这一学派的成功得以产生学术影响的重要因素。

普通研究追随者与创新者及创始者的心智品质常常是有区别的,就这一点而言,不同思想流派的差别是很深刻的。在相当程度上,它们的差别来源于每一学派的研究风格所容许或倡导的社会组织不同。在我们所考察的研究风格中,至少有少数创新者和行政官是非常有教养的。当他们还是年轻人时,这种研究风格尚未盛行,他们吸取了西方社会主流的思想模式;这些人有多年的文化和学术阅历。他们确实是教养很高的人:富有想象力地来了解自身的感受,能进行不断的自我修养。

但是第二代,则是出身于学术背景贫乏的美国中学的年轻人,他们不具备可与第一代相媲美的体验——我想这么说大家会同意的。他们也并非没有完整地学习大学功课;但至少有理由猜测(尽管我也不十分了解)这些研究组织所选拔的学生不是最有天分的。

一旦我把目光投向这些年轻人,我几乎从未在他们中发现有谁真正沉浸于学术痴迷状态。我从未见过他们对任何重大问题产生热切的好奇,而正是这种好奇驱使人的心智任意驰骋,并在确有必要之时,重新塑造心智本身以"发现"什么。

这些年轻人不怎么"焦虑不安",而是"沉静有序",不怎么"耽于想象",而是颇有"耐心";最重要的是,他们很教条,并且对所有历史和理论皆是如此。当然,对于当今美国学院和大学如此多的学生所处的令人遗憾的学术环境,这种现象仅仅是它的一个方面而已,但是我却非常相信它在抽象经验主义的研究技术专家中更为明显。

他们将社会研究作为一种职业;他们过早地进行过细的专门分工,他们对"社会哲学"漠不关心甚或有些蔑视,对他们而言,那不过意味着"从书本到书本地撰写"或"一味地沉思"。听一听他们的谈话,努力揣度一下他们好奇心的品质,你会发现他们的心智具有致命的局限性。许多学者感到尚不了解的社会世界一点儿也不能使这些人困惑。

科层制社会科学的宣传力量相当程度上在于它声称在哲学上它是科学方法的;它能吸引大批人的魅力相当程度上在于它培训人比较容易,并给他们提供前程光明的工作。在上述两种情况中,有明晰的编码式的方法,从而轻松地培训出技术专家,是其成功的关键因素。在某些创始者中,经验方法是为想象力服务的,事实上,这种想象力往往令人奇怪地被抑制,但人们又总能感到它的存在。当你与某个创始者交谈时,你始终在与有理智的头脑交流。而当一个年轻人花了三四年时间学了这类东西之后,你会无法同他真正谈论当代社会研究的问题。他的地位和职业生涯,他的进取心和过分自尊在很大程度上是基于这种单一视角、单一语汇,这种单一的一套方法之上的。说实话,除此之外,他别无所知。

这些学生中的部分人,常常把智力本身从个性中割离出来,把它看作一种他们希望能借以在市场上卖个好价钱的技术小玩意儿。他们属于缺乏人文修养的人,那些非萌生于对人类理性尊重的价值指引了他们的生活。他们属于精力充沛、野心十足的技术专家,而不完善的教育陋规,扰乱其头脑的种种需要使他们无法获得社会学的想象力。你只能指望当足够数目的这些年轻人爬到其职业生涯中的助理教授位置后,通过学术的代际变异,他们将开始觉醒到他们将不再依赖那些根本没穿衣服的皇帝们了。

抽象经验主义的研究方式,它维持的方法论的压制力,它所关注的实用性,它的研究组织所倾向于选择和训练的心智品质,所有这些发展使有关社会科学的社会政策问题变得更为迫切。这种科层制风格及其在制度上的体现是与当代社会结构的主导趋势和它的独特思想类型相一致的。我以为不认识到这一点,就不能解释甚至不能全面地理解科层制的研究风格。事实上,这些相同的社会趋势,不仅仅影响了社会科学,还影响了美国的整个学术生活以及理性在当代人类事务中所发挥的作用。

看上去,论题包含的东西很简单:如果社会科学不是独立自主的,它就不可能成为对公众负责的行业。由于研究手段更浩大,费用更高,它们将会遭到"剥夺";因此,只有社会科学家以集体性方式对这些研究手段实行全面的控制时,这种风格的社会科学才会真正实现自主。如果社会科学家的个人研究依赖于科层组织,他会丧失其个人自主性。如果社会科学包含科层式的研究,它会丧失其社会和政治自主性。我的确想强调我说的是"如果",因为很显然,我一直是在讨论某个趋势,尽管它是主导的趋势,但并非我们所面临的事态的全貌。

二

如果我们想了解在文化与学术研究的某个领域中有什么进展,就必须理解这一领域直接所处的社会情境。所以在此我必须对学院派系简单地插上几句。当然,当某个思想变得很重要,很有生命力之后,任何显要人物和派系都不过是短暂的象征符号而已。但是关于"派系"、"人物"和"学派"的整个情况却远远比之复杂;它们对社会科学发展的重要影响值得我们在这里作更多的了解。我们必须面对它们,若无其他原因的话,也是因为任何一项文化活动都需要某种财政援助以及公众给予批评。赞助金钱和给予批评并非只是基于对其价值的判断,除此而外,通常还存在着对判断本身的客观性以及价值的争论。

学院派系的功能不但是协调竞争,而且规定竞争的条例并分配遵循这些条例的研究成果的报酬。派系最重要的学术特征正是其评价人、批判研究工作时所持的原则。前文已经讨论了科层制社会科学的"技术专家气质",以及这些技术专家的心智品质,他们对社会科学的声望的影响从而对社会科学的主导潮流的影响,对批评性判断所依的盛行准则的影响,在此我只需再加上一句,完成派系内在任务的手段包括:给年轻人友好的建议;提供工作,推荐其升职;把他的著作送到令人仰慕的评论家手中;欣然接受他提交出版的论文和手稿;分配研究基金,在学术协会和专业杂志的编委会给他安排或游说一个体面的职位。如果这些手段形成了声望的分配格局,而这种分配又反过来成为学者学院生涯中很重要的决定性因素;它们将影响学者个人的经济期待和专业声誉。

以往，人们一般期望学者在学院的声望是建立于著作、研究报告和专论的出版基础之上的，总之，建立在思想和学术著作出版的基础之上，建立在学术同行和聪明的"票友"对这些著作的评判的基础之上。社会科学和人文学科所以这样，一个原因是原来的学院世界里没有能力的特权位置，因而一个人是否有能耐是可以被调查出来的。例如，很难知道一位公司总经理所宣称的能力是出于其自己个人的能力还是他借助职位可获得的权力和各种便利设备。但对那些作为匠人工作的学者来说，他们像老派的学者一样进行研究，则不可能出现这个问题。

不过，借助其声誉，新的学院政治家像商界经理和军事领袖一样，获得了展示能力的手段，这些手段必须与其个人能力区别开来——但由于其巨大声望的荫庇，却不容易区分清楚。一名永久性的专职秘书，一名奔走于图书馆的服务员，一台电子打字机，听写设备，一台油印机，很可能还有一年三四千美元购买书籍和杂志的小笔拨款——即便这样简单的办公设备和人员都能极大地提高任何一名学者能展示出来的能力。商界的经理会嘲笑这些手段的微不足道；但大学教授们却不会如此，因为很少有教授，即使是那些成果丰富的，能保证拥有这些便利设备。但这些设备的确是一种提高能力、发展事业的手段，它保证了有派系资格的人比独立的学者有更大可能创造出成果。派系的声誉增加了获取这些便利措施的机会，而拥有这些便利措施反过来又增加了创造声望的机会。

那么，我想，这个现象可谓一种处境，能帮助解释人们何以能够在的的确确未作出大量成果的情况下得到相当高的声望。对这种人，最近我的一名对"身后之事"很感兴趣的同事以一种很友善的方式写道:"只要他还活着,他是其领域中最有头脸的人;而他死后没多长时间,便没有人再回忆起他。"如此尖刻的陈述或许表明了处于学院派系的世界中的政治家们常常萦绕于心头的痛苦焦虑。

如果在某个领域,存在几个相互竞争的派系,那么这些竞争者的相对地位会决定派系的策略。规模小的,被认为不重要的派系自然会被那些占主导地位的派系希望给驱逐出去。他们的成员遭到怠慢、拒绝或被击败,最后从舞台上消失,没能培养出下一代。要一直记住:派系的一个重要功能就是塑造出学院的下一代人。而说某一派系不重要则表明它在这种塑造中影响力不大。但如果有两个占主导地位的学派,每一个学派都有权势很大、声望很高的领袖人物,那么这两个学派间的关系将变为一个合并问题,变为一个建立起更大的行动联盟的问题。而且,如果一个学派遭到外人或其他派系的有效攻击,那么,首要的防卫策略当然是否认事实上不存在什么派系甚至学派;在这种场合中,政治家们展示了他们的特长。

对派系而言很重要的任务与对一个学派实际研究很重要的任务,二者常常相混淆。在年轻人中,这会影响其事业发展的机遇;而老一辈人拥有派系所提供的基于行政的、推销的、政治的和人际关系技能的额外奖赏。这样,声望的基础变得非常暧昧,在获得额外奖赏的老一辈人中,情况尤为如此;外人会问:此人的崇高声望是源于他实际完成的研究的学术价值呢,还是由于他在派系中占据的位置?

当我们考虑派系之间的关系时,我们立刻会碰到这样的人,他们不是哪一方的代言人,而是作为整体的"这一领域"的代言人。他们不只是公司的经理人员,还是行业的代言人。谁若渴望扮演为整个领域服务的政治家的角色,通常要能有效地否认该领域两个(假如这么说)占主导地位的派系之间存在真正的学术分歧。事实上,作为双方的共同代言人,他的基本学术任务就是去表明:"它们实际上是针对同一个目标进行研究的啊。"他开始成为一个名誉象征,每一学派都可声称该象征代表自己的独特性,象征它们"实际的"或至少是最终意义上的统一性。他从两个学派中沽名钓誉,他又将此转授与这两个学派。他可是个中间商,交易两个团体的荣誉分配。

例如,假使在某个研究领域存在两个占主流的学派,一个称之为"理论",一个为"经验研究"。一个成功的政治家在这两条道上忙着穿梭;他被双方都看作站在自己一方,又介于他们之间。借助其声誉,他似乎在许诺"理论"和"经验研究"不仅是可相容的,而且都是整个社会科学中某一综合研究模式的一部分。他是这个许诺的象征。而这一许诺并非依赖于他所完成的任何实际的著作或研究。情况是这样的:对"经验研究"学派中任何一本将要出名的著作,这个政治家以一种祈愿的方式发现了"理论",而且总是能从中发现。在任何受到正式称赞的"理论"学派的著作中,这名政治家再一次以祈愿的方式发现了"经验研究"。这些"发现"扩展着书评的行列,对人们的声望的分配很重要,而对于为研究工作自身发展来考察这些研究,却没多大意义。我已强调过,他所完成的研究工作("理论"和"经验研究"被表明为实际上是一个东西)只是一个许诺,一个象征。并且,这个政治家的声望并非依赖于这样的一种研究工作,事实上是几乎根本不依赖于什么研究工作。

我以为,内在于所有这些政治家般的角色之中,有一个悲剧性的事实。扮演此角色的人往往具有一流的心智,事实上,平庸之辈根本不可能扮演这种角色,尽管有许多人确实在东施效颦。这个政治家所扮演的角色使其不从事实际的研究。他所积攒的声望与他的实际所做是如此不成比例,他所提出的承诺是如此宏大,以至他往往被阻挠去从事"经验研究",而当他本人在某个研究或著作中成为一个主要的人物时,他也不愿完成该研究或是出版该书,即使其他人认为这个研究或著作已经被完成了。然后,他抱怨起他承担的各种委员和其他政治家似的负担,可他又同时接受——实际上,他往往是寻求——更多的这样的负担。他的政治家的角色同时成为他不能从事研究的原因和借口。他常常这么说,他被罗网罩住了;但事实上他又必须继续罩住自己,否则,他的政治家角色将被其他人以及他自己看作不过是个借口而已。

派系的世界并不是学院世界的全部。那儿还有独立的学者,他们事实上以多种面目出现,其著作也各有千秋。在学院派系看来,这些独立的学者对其学派是友好的或至少是中立的;或许他们的研究是"博采众长",或仅仅是不带"社会偏见"的。当他们的研究得到支持或是被认为很具优势,很有用,很有价值时,派系中的成员会设法吸引他们,给他们指引方向,最后吸纳他们。庆祝仅仅是双方互相的庆祝——派系成员操办、举行、参加的庆祝,但这还不是事实的全部。

在独立的学者中,仍有一些人不参加这个游戏,不愿靠宣传声望获利。这些人中有的只是对此不感兴趣,醉心于自己的工作,有的则是对此彻底厌恶。他们是学派研究工作的批评者,若有可能,派系会忽略他们和他们的研究。但仅仅在这个派系的确拥有巨大声望时,这个简单的策略才是安全且合适的。他们可以以真正贵族式的作派这么做,而且,仅是在该学派与几乎整个研究领域保持一致,并牢牢控制了这一领域时才如此。不过,当然了,情况通常并不是如此。该领域至少还有许多中立者和杂家,以及其他派系,并且还有许多互相关联的研究领域;除此之外,还有不在学院里的读者群和公众,他们的兴趣或赞许,至少到目前为止,扰乱了派系对声望、荣誉和学者职业的牢牢控制。

所以,若是无法忽略这些批评家们,就得采取其他策略。对学派成员进行内部管理所采用的所有手段当然也能用于处理那些敌对的外人;我只需简单地讨论其中一种手段:书评——瓜分声誉时所采用的最常见方法。设想一位独立学者著述了一本引起广泛关注的书,再忽略它已经不太合适了。最原始的伎俩是把它送到派系的一名领导人物面前,尤其是持有与著者的观点相竞争甚至敌对,或至少也是持相反观点的人面前。更微妙点的方法是把它分派给一名在该学派中尚不太重要但正平步青云的人物,他自己还没有出版多少著作,因而其观点也未广为人知。这样做有许多好处。对年轻人来说,这既是对他忠诚的回报,也是一个机遇,可以通过对更年长也更有名的人进行批评而赢得声誉。比起把这本书送到一名著名学者面前,这样做也暗示了把这本书置于不那么重要的位置。这名年轻人扮演这个角色也很安全;著名人物出于某种恃才傲物之故,会不愿"回应"评论;而由著者本人回应专业评论者所作批评的情况也非惯例,事实上,某些学术性杂志的策略是不鼓励或不允许这么做。不过,即使评论被回应了,也没什么要紧。没有一个不光作过评论还写过书的人不知道,所有学术任务中最容易的一项就是用两三栏的评论"揭穿"一本书,而让著者以与评论者相同的位置去回应评论则几乎是不可能的。即便所有关注这场争论的读者都比较仔细地读了此书,这事也或有可能发生。但我们又无法这样推断,因此评论者便享有了巨大的优势。

而不管这本书如何有问题,却得到该领域内外人士的广泛关注,那么惟一可做的就是将其送到一名派系领导成员手中,最好还是一名政治家手中,他会恰如其分地赞扬这本书,却不怎么关注其内容,而是指出该书如何以其自身方式对整个领域有前途的主导趋势做出了贡献。而任何一个认真的、热忱的派系成员必须避免去做的事就是把它送到另一个独立的学者面前,他首先会准确清晰地阐述该书包含了什么内容,然后以与任何学派、派系和时兴的潮流完全独立的方式批评这本书。

三

在形形色色的社会科学学派所使用的口号中,没有哪一条比这条更常用:"社会科学的目标是预测与控制人类行为。"目前在一些学术圈子中我们还听到许多有关"人类工程"的讨论——它还是个未被定义的术语,但往往被误认为是一个明确而清晰可见的目标。人们所以相信它明确且清晰可见,是因为它以"控制自然"和"控制社会"之间不容辩驳的类比为基础。习惯使用这些术语的人很可能存在于那些非常热情地关注"把社会研究转变为真正的科学"的人之中,他们认为自己的工作是政治上中立的,与道德无关的。而且通常其基本思想被表述为社会科学"滞后"于自然科学,因而需要弥补二者间的差距。这些技术专家治国的口号是一种我刚刚阐述过的许多科学家所持有的政治哲学的代言物。他们设想要努力接触社会,就像物理学家接触自然界一样。他们的政治哲学包含于如下简单的观点中:要是科学的方法,如今人们通过它们已能控制原子,被应用于"控制社会行为",人类的问题将迅速得到解决,将确保所有人的安宁与富足。

这些表述之后隐含着令人奇怪的关于权力、理性和历史的观念——这些观念都很不明确,处于可悲的混乱状态。对这些表述的运用暴露了一种唯理主义者空洞的乐观主义,这种乐观主义来源于茫然不知理性在人类事务中可能扮演的角色,不知权力的本质及其与知识间的关系,不知合乎道德的行动的意义和知识在这一行动中所处的地位,不知历史的本质和如下事实:人们不仅是历史所造就之物,而且在许多时候是历史中的甚至是历史本身的创造者。由于这些问题与社会科学的政治含义很有联系,所以在我讨论它们之前,我想简单地考察一下技术治国论的哲学家们的主要口号,即有关预测和控制的那一条。

要想和许多人一样自如地谈论预测和控制,我们就得接受官僚们的观点。对他们来说,如马克思所指出的,世界是个可以被操纵的客体对象。为使论述更清楚,举一个极端的例子:假设某人有一套很强大也很精妙的统治机器,在一个荒凉的没有敌人的小岛上统治一个师的士兵,那么,你一定会同意,他处于控制的地位。如果他充分运用其权力,制定了确定的计划,那么他能在很小的误差范围内预测每个人在某年某天某个时辰会做什么事。他甚至可以精确地预测不同人的感情,因为他就像操纵无生命的物体对象一样操纵他们,他有权力对他们的计划置之不理；有时他还会相应地觉得自己是个全能的君主。只要他能控制，他就能预测。他在掌管着"规律性"。

但作为社会科学家，我们不能假设我们在处理很容易操纵的物体对象，我们是人群中的开明君主。要想做到假设的那样，我们得至少占据一个政治职位，而对教授来说，占据这个职位显得非常古怪。历史上没有哪个社会是在僵化如我所描述的假想的那个师一样的框架中建立起来的。而且，也没有哪个社会科学家（让我们对此感到欣慰吧）成为历史上的某某将军。不过，要想和许多人一样一口气谈论"预测与控制"，就通常得接受某种单向控制的观点，就如我所假设的那名将军，不过我已在一定程度上夸大了他的权力，以使我的论点更加清楚。

我的目的是揭示科层制气质的政治含义。它主要应用并服务于社会的非民主领域——军事基地、公司、广告中介机构和政府行政部门。许多社会科学家已被邀请进入这些科层制组织，为之服务，他们所关心的问题也就是与使行政人员更有效率有关的问题。

我不知人们如何才能合乎情理地反驳罗伯特·S·林德*对《美国士兵》所作的评论：

> 这几册书描述了科学如何被用于以熟练技能来选拔和控制人们为并非出于其自愿的各种目标服务。而这是自由民主政权无能的重要表征，因为自由民主政权必须日益应用社会科学，但非以直接方式应用，而是必须附带

---

* 林德（Robert S. Lynd，1892—1970），美国社会学家。——译者注

触及地、间接地运用；它必须从诸如如何把握观众的反应之类的私人商业的研究中吸取养料，从而综合规划广播节目和电影等等。或者像最近的情况一样，从军队研究中取材，该研究涉及如何把胆小如鼠的新兵转变为坚强的军人，使他可以去打任何一场仗，却不了解战争的目的是什么。由于这些社会性的外在目标左右了社会科学的应用，因此它的应用的每一个进展都倾向于使它成为控制大众的工具，从而成为对民主的更进一步威胁。[2]

人类工程师的口号带来了超越上述思想风格和探究方法之上的科层制气质。如果谁把这些口号作为"人们将做些什么"的陈述，并加以应用，就是接受了科层组织中的一个角色，即便他本人并没有扮演该角色。简言之，这个角色相当程度上是在"好像如此"的基础上承担的。若有人接受了专家治国的观点，并作为一名社会科学家而力图为之有所行动，那也就是按照他"好像"真是一位人类工程师一样行动。目前往往正是在这个科层制的视角中，人们设计出社会科学家承担的角色。在已广泛建立起人类理性的民主社会中，根据这种"好像我是一名人类工程师"的方式行动，也许只是一场闹剧，而美国不是这样的社会。不管其他现象如何，如下现象是很显然的：美国社会是个在人类事务和构建历史的决策中，功能合理性的科层制组织应用越来越广泛的社会。一定历史时期发生的历史变迁不受人类意志控制的影响，在人们的"背后"发生；在不同历史时期，这种独立性程度是不相同的。而我们的时代似乎是这样的时代，在其中，科层机构中精英是否作出关键性的决策愈益成为历史变迁的源泉，而且，在我们所置身的时代，那些控制手段、权力有所扩展,也更集中化了,而且现在社会科学也包括在内,它被广泛应用于实现那些拥有控制手段的人分派给它的任何目的。如果不面对这些发展所引发的问题来讨论"预测与控制",就是放弃了一个学者应具备的政治和道德的自主性。

除科层制外,用别的视角来谈论"控制",这样可能吗?当然,这是可能的。人们已设计出各种不同的"集体性自我控制"。对这种思想的充分阐述需要包括所有关于自由与理性的论题,并将它们同时作为思想和价值。还要包括"民主"的思想——它作为一种社会结构和一套政治期望。民主意味着受法律管制的人有权力和自由根据大家商定同意的原则去更改法律——甚至可以变更这些原则;但比之更重要的是,民主意味着对历史本身的结构性运行机制进行集体性的自我控制。这是很深奥复杂的问题,我在后文会有较详细的论述。在此,我只想说明,如果社会科学家——他们处于渴望民主的社会中——希望严肃认真地探讨"预测和控制"的论题,他们就必须细致地考虑这些问题。

除科层制外,以其他视角来谈论"预测",这样可能吗?当然,这是可能的。预测依靠于"意外的规律性"而不是规定的控制。若无控制,我们倒可以最准确地预测如下的社会生活领域,在这些领域没有谁对别人施加很有力的控制,"自发"和不符惯例的行为也降到最低程度。比如说,语言的用法就是在"人们背后"变迁与延续的。我们如果可以把持J·S·穆勒所谓的社会中的"主导媒体",我们如果可以把持它的主导的趋势;简言之,我们如果能够理解我们这一时代的结构性变迁,我们将拥有一个"预测的根据"。

但我们必须记住,在一定环境中,人们往往可以控制他们如何行动;这种控制程度是我们研究的目标之一。我们应该记住,现实中确有如我所假设的那种大将军,还有那些公司经理和政府首脑。而且,正如人们经常指出的那样,人们并不是无生力的物体对象,这意味着他们会了解对他们的行为所做的预测,因此他们能够而且往往也确实重新调整自己;他们可以偏离或去实现预测。直到目前,我们对他们将怎么做还不能进行很好的预测。只要人还有一定程度的自由,我们就不太容易预测他们要做什么。

但我的论点是:说"人类工程或社会科学真正的终极目标"是"预测",其实是用专家治国论的口号来代替本应合乎情理的道德选择。这么说还等于接受了科层制的视角,而据此视角——只要它被全面采纳——可行的道德选择会少许多。

社会研究的科层化是个非常普遍性的趋势,可能它必将在科层组织的规章已支配一切的社会中实现。自然,随之而生的还有一套非常道貌岸然、不切实际的理论,它与行政性研究没什么关系。那些专门的研究,一般是统计式的,并最后应用于行政,不影响我们对观念的详尽阐释;而反过来,这些详尽阐释也与专门研究的结果无关,而是与政权有其变动不居的特征——合法化有关。对行政官员来说,世界是一个事实的世界,要根据严格的规则来处理这些事实。对理论家来说,世界是一个观念的世界,这些观念可被操纵,但却没有任何明显的操纵规则。理论以各种各样方式成为权威在意识形态上的证明。通过给有权威的计划者提供有用的信息,为科层组织目标服务的研究有助于使权威更有力、更有效率。

抽象经验主义已为科层组织所应用,尽管它自然有其明确的意识形态意义,这些意义有时也被作为意识形态。正如我已阐明的,宏大理论没有直接的科层制的应用性;它的政治含义是意识形态上的,它的用途也许就到此为止。如果这两种风格的研究工作——抽象经验主义和宏大理论——共享一种学术上的"双方垄断"甚或成为支配性的研究风格,它们将对社会科学的学术前景构成巨大威胁,对理性在人类事务中扮演角色的政治前景构成巨大的威胁——而西方社会的文明从古典时代以来就一直在孕育这个角色。

注释

1 Paul Lazarsfeld, op. cit, pp. 19–20. *Italics mine*.
2 "The Science of Inhuman Relation,"(《非人关系的科学》)*The New Republic*, 27 August 1949.

第六章　科学哲学

人们对科学本质一直争论不休,这掩饰了社会科学的混乱状态,不过现在,这种混乱状态应该是很明显了。大多数研究社会的学者肯定会同意,他们对"科学"的欣然接受往往既是表面上的又是暧昧的。"科学经验主义"含义颇多,可却没有哪种对其的阐释为人们共同接受,更不用说系统性地应用某个阐释了。人们的职业期望非常地混乱,我们或应根据各种区别很大的探究模式来理解治学方法。一定程度而言,正是由于这种处境,自然科学哲学家的方法论模式有其感染力。[1]

由于认识到在社会科学中存在多种研究风格,许多学生热切赞成"我们应将它们统一起来"。有时,这一计划的实行煞是诱人;据说,未来几十年的任务就是以20世纪占统治地位的研究方法,尤其是美国式的,来统一19世纪的尤其是德国的较为重要的问题和理论研究工作。人们感到,在这一宏大的对立发展中,精深的思想和严密的程序将得到持续显著的发展。

作为一个哲学上的问题,不难将"它们统一起来"。[2]但相关的问题是:假如我们真的以某种宏观的探究模式"将它们统一起来",那么,对于社会科学研究,对于执行它的主要任务,这一模式将有何应用呢?

我相信,这种哲学工作对社会科学家进行研究是有一定用途的。了解它将使我们能够更为明晰地认识我们的观念和程序,并澄清含糊之处。它给我们研究这些观念和程序提供了一种"语言"。不过根本而言,它的应用应是一般性的,社会科学家进行研究时不必非常正式地采纳这一模式。而且,首先,我们应将它作为解放我们想象力的一种手段,一种启发程序的源泉,而不是对我们问题的限制。在我看来,以"自然科学"的名义限定我们研究的问题是一种过于严谨的胆怯。当然,如果技巧半生不熟的研究者希望把他们局限于这些问题,这是一种明智的自我限制;但超越这个程度之后,这种限制就没太多必要了。

一

一流的社会分析家会避免僵化的程序;在著作中他尽力发展并运用社会学的想象力。他排斥对概念的组合与分解,只有在有充分理由相信使用更精细的术语能拓宽理解的范围,提高引文的精确度,深化其推理时,他才应用这些术语。他不受方法和技巧的制约;经典的研究途径就是这些学术巧匠们的研究途径。

关于方法和理论的有益讨论,经常成为人们正在进行或着手开展的研究工作的旁注。"方法",首先与提出问题和解决问题的方式有关,并且,我们相信我们解决问题的方式是有一定效力的。而"理论"则首先与一个人所使用的词汇有关,尤其是词汇的概括程度和它们之间的逻辑联系。二者的主要目的是澄清观念、简化程序,而目前最重要的是:解放而非限制社会学的想象力。

一个人要掌握"方法"和"理论",就得变为一个自觉的思

第六章 科学哲学

想者,一名了解在自己研究中所运用的假设和隐含意义的研究者。而他若是为"方法"和"理论"所控制,则无法进行研究,也就是说不能竭力洞察世事。如果你对治学之道没有深刻认识,那研究的结果就不可靠;如果你不能确定某一研究能否得到重要结果,那所有的方法无非是毫无意义的伪饰而已。

对一流的社会科学家来说,方法和理论都不是独立的王国;方法是针对一定问题的方法;理论是针对一定现象的理论,它们好比是你所生活的国家的语言。你会说它,这并不值得夸耀,但要是你不会说,那么这是件憾事,还会带来很多不便。

社会科学家在研究时必须始终尽可能地了解手中的问题。显然这意味着他必须通晓他所考察的研究工作所涉及的领域。而且这还意味着,当他所考察的研究工作还涉及相近领域的研究时,这些工作才能干得最漂亮,这一点,我以为它未被阐明。最后,不会只是因为某人的独特性,更不用说是一名未做多少实际工作的年轻人的独特性,或是只参与以某一特定风格进行的研究工作的人的独特性,这些工作就能干得很好。

当我们暂时中止研究,反思理论和方法时,最大的收获就是对问题的重新陈述。或许这就是为什么在实际工作中,每个社会科学家都必须是他自己的方法论学家和理论家,这正意味着他必须是一名学术巧匠。当然,一名巧匠能从各种尝试中学到一些东西,用以形成方法,但这往往只是一种一般性的自觉而已。因此,方法论中的"应急方案"不大可能有助于社会科学的发展。我们不能勉强用这种方式实有其效的陈述方法,如果这些陈述与实际的社会研究并无紧密联系,那么对重大问题的感知和解决它的热情,就不能对社会科学家的思考全面发挥影响,而如今人们往往丧失了这些感知和热情。

于是,方法论的进步很可能是作为谨慎的归纳出现,这种归纳形成于逐步推进的研究工作。因此,我们必须在个人实践中,在学科组织中,让方法和研究工作保持密切联系。只有当方法论的探讨对实际研究起直接参考作用时,才应对其给予严肃的关注。有些社会科学家确实对这些方法进行了一般性讨论,并且我在后面的附录中,将示范一种进行讨论的方式。

对方法论的陈述及其争论,对理论的层层区分,无论怎样让人兴奋乃至愉悦,都仅仅是一种前景而已。对方法的陈述有可能会更好地指导我们研究某个事物,而且事实上往往几乎是指导我们研究一切事物。对理论进行详细阐释,不管系统不系统,都有可能使我们在解释自己所见所闻时,对其间的差异有所警觉。但单纯的理论或方法都不能作为实际社会研究的一部分。事实上,二者往往与社会研究背道而驰:它们如同政客般回避社会科学的问题。通常,我们看到它们是基于一定的宏观探究模式基础之上,这个模式能把其他人弄得一头雾水。这种宏观模式不能被人们全面综合地加以运用,这或许并不太重要,因为它仍可以作为仪式来使用。正如我已解释过的,它通常从某种自然科学哲学中形成,并且偏偏是从或许已有点过时的对物理学的哲学注解中形成。这种小把戏和其他类似的规则,更易导致科学不可知论而非更深入的研究。关于这种科学不可知论,马克斯·霍克海默写道:"老是警告人们推论不成熟或归纳模糊,除非经过适当修正,可能会对一切思考活动产生禁忌。如果每个思考必须暂时搁置,直至它得到完全确证,那就没有什么基本的思路看上去可行,我们将使自己局限于单纯的现象水平之上。"[3]

人们经常注意到，年轻人往往易受干扰，但是社会科学界的老一辈学者也被科学哲学家的故弄玄虚搞得焦虑不安，这又有什么奇怪的？如下两名瑞士和英国经济学家之间口语化的表述，比一些美国社会学家的响亮宣言要更易理解更富启发性，它很好地描述了关于方法之地位的经典观点："许多著作家本能地以正确方式着手解决这些问题。但当他们学过方法论之后，知道了有无数陷阱和其他危险正等着他们。结果，他们放弃了原先已确定的尝试，迷失了方向，或是选择了自己难以驾驭的研究方向。应该提醒这种类型的学者不要接触方法论。"[4]

　　我们所应该喊出的口号当然应该是：

　　每个人都是他自己的方法论学家！

　　是（自己的）方法论学家！我们（现在就）开始工作吧！

　　虽然我们不能过于当真的接受这些口号，但作为社会科学家，我们确实需要保护自己；看看我们有些同事奇怪的、非学者性的过分热情，我们也许可以原谅自己的这种夸张。

二

　　常识的日常经验论充斥了陈规旧矩和对某一特定社会的假设，这是因为常识决定了人们所见的事物以及如何解释它们。如果你试图通过抽象经验主义来逃避这种处境，你最后会停留在微观的或亚历史的层次，并慢慢积累你处理的抽象的细节资料。如果你试图通过宏大理论来逃避常识的经验论，你将把活生生的清楚的经验材料从你所使用的概念中割离出来；而且如果你不小心翼翼，那么在这个你正构筑的超越历史的世界里，你会变得无所依托。

观念是含有经验材料的思想。如果相对于经验材料,思想过于宽泛,我们会陷入宏大理论的陷阱;如果让材料吞没了思想,我们会步入抽象经验主义的圈套。这里所包含的一般性问题常常被说成是"对指标的需要"。它是当前社会科学的实际工作要应对的主要技术挑战之一,各个学派的成员都认识到了。抽象经验主义者们解决指标问题的方式往往是对于已建立指标的思想,清除其适用的范围和内在意义。宏大理论则不能有效面对这一问题;它只是继续以别的同样抽象的概念来阐释概念。

抽象经验主义者所谓的经验"数据"代表了一种关于日常社会世界的非常抽象的观念。例如,他们会处理一个中等规模的城市中按收入等级、性别和年龄分组的数据。这里有四个变量,比起许多抽象经验主义者设法获取的对世界的点滴认识,内容要丰富很多。当然,这里还有一个"变量",这些人生活在美国。但作为一个"数据",它不是微观、精确、抽象的变量,而正是这些变量构建了抽象经验主义的经验世界。若是把"美国"包括进来,我们就需要具备社会结构的观念,以及不那么僵化的经验主义的观念。

大多数的经典研究(在此上下文联系中,有时可称之为宏观视角的研究)介于抽象经验主义和宏大理论之间。这些研究也包含了对所观察的日常环境的抽象,但这种抽象的方向是面对社会与历史结构的。正是在历史现实的层面上,或者说正是根据具体的社会与历史结构,人们阐释了社会科学的经典问题并提出了解答。

这种研究跟抽象经验主义一样重视经验,事实上它往往更重经验,与日常意义和体验的世界贴得更近。道理很简单:

弗朗兹·诺伊曼对纳粹社会结构的描述，至少和萨缪尔·斯托弗对番号为10079的军团士气的描述一样是"经验性的"和"系统性的"；马克斯·韦伯对中国官僚的分析，或是尤金·斯塔利对不发达国家的研究，巴林顿·摩尔对俄罗斯苏维埃的考察与保尔·拉扎斯菲尔德对艾里县及小镇艾米亚的舆论的研究是一样经验性的。

而且，在亚历史和跨历史层次的研究中所使用的大多数**思想**，实际上都是来源于经典研究。哪一个真正有成果的思想，哪一个关于人、社会及二者关系的思想出自抽象经验主义或宏大理论的呢？就思想而言，这两个学派都是靠社会科学的经典传统过活的寄生虫。

三

经验主义的证明问题是"怎样抓取事实"而不是为事实所淹没；怎样使思想和事实紧密联系在一块而不是使思想脱离事实。问题乃是首先要证明**什么**，然后才是**如何**证明。

在宏大理论中，证明是满怀希望的演绎法，但直到现在，似乎证明什么和如何证明都还不是很确定的问题。

在抽象经验主义中，证明什么似乎往往不作为一个很正式的问题。而如何证明则几乎由问题被表述的方式自动提供了：这些方式促进了相关法和其他统计程式的发展。事实上，对这种证明方式的教条要求往往好像成了它惟一的关注点，从而限定甚至决定了那些接受微观风格的学者们使用的概念及研究的问题。

在经典实践中，证明什么通常被认为与如何证明一样重要，甚至可能比之更重要。它所阐释的思想与一些实质性问题有密切联系；而选择证明什么则是由一些规则决定的，比如其中有一条：要努力证明你所阐释的思想中与阐释最为相关的方面。这些方面，我们称之为"中枢性的"——假如**这个东西**是这样的，那么跟着可以一个一个说明其他东西。若是这个东西不是这样，那么我们有另外一套推理说明。采取这种程序的一个原因是人们感到需要简化研究工作：获得经验证明、证据、文献资料和事实的决定因素相当费时间，往往也单调乏味。所以，人们以此方式进行研究，使其研究中运用的思想和理论能产生最大的影响。

一流的学术巧匠们一般不会为一项宏大的经验研究构思一个宏大的计划。他的方针是在宏观视角的思想和细节性的阐释间不停地穿梭。他把研究工作设计为一系列小规模的经验研究（这当然应包括微观研究和统计工作），每一研究似乎都对他所阐释的解决方案的某一部分起关键作用。而根据这些经验研究的结果，他的解决方案被证明、修正或拒斥。

对一流的研究者来说，如何证明陈述、命题、推定的事实好像并不怎么困难，而这对微观视角的研究者来说，却往往很是个难题。一流的研究者通过对彼此关联的所有经验材料的细致解释来证明一个陈述，当然，我得重复一下，如果我们觉得有必要以这种方式来选择并处理与我们的问题有联系的观念，我们就可以用抽象的和更为精确的统计调查法进行细致解释。而对别的问题和思想，我们的证明则如同历史学家所做的那样；这是一个提供证据的问题。当然，我们从来都不是很肯定；事实上，我们常常是在"猜测"，但是说所有猜测的正确率相等则是不对的。经典社会科学，我们也许应该带着赞颂的语气这么特别称呼它；就是要努力提高我们对重要事情猜测的正确率。

证明意味着要以理性说服别人，也包括我们自己。但是要做到这样，我们就得遵循为人们所接受的规则，首先是这个规则：研究应以如下方式进行，它的每一个步骤都是开放的，以接受别人的检验。遵循这一规则，并不是只有**一种方式**；但这的确要求我们要一直保持谨慎，加强对细节的注意，培养使研究工作明晰的习惯，对据称的事实进行怀疑的审视，对它们可能的含义以及它们对其他事实和思想的影响抱有乐此不疲的好奇。这要求我们的研究要井然有序，要有系统性。总之，这要求始终如一地严格贯彻学者的伦理。若是没有它，无论什么方法，什么技巧，都毫无作用。

四

从事社会研究的每一条途径，对研究对象和研究方法的每一种选择，都暗含了"科学进步的理论"。我猜想，每个人都会同意科学的发展是逐步积累的：它不是某一个人的创造，而是许多人互相修正和批评，扩充或简化彼此工作的产物。一个人要想使自己的研究有分量，就必须将它与已在过去完成的研究和目前进行的其他研究结合起来。为了交流，为了"客观性"，我们需要这么做。人们必须以其他人可以检验的方式来描述他的研究。

抽象经验主义者的进步的策略非常具体且满怀希望：让我们积累许多微观的研究；慢慢地、细致地，就像蚂蚁聚沙成塔一样，我们要"逐步建设科学"。

而宏大理论家的策略则似乎是：我们某天某地会接触到活生生的经验材料；当那一天来临，我们要作好准备，"系统性地"运用这些材料；然后我们将明白，以经验证明的科学方法来检验系统性理论在逻辑上可行,以及这么做有何意义。

企图实现经典社会科学的前景的那些学者相信科学进步的理论,但这一理论并不能让他们推断一连串的微观研究必然积累成一个"充分发展"的社会科学。他们不愿假设除了当前的研究主题之外,这些微观研究对其他研究主题也都有用。总之,他们不接受社会科学发展是由各个部分拼凑而成(或像老妈妈们一起衲被一样)的理论。他们并不认为从这些研究中就能产生什么牛顿或达尔文,能把它们结合到一起。也不认为达尔文或牛顿所做的就是"结合"这些由今天的微观社会科学搜集起来的微观事实。一流的研究者还不愿意如同宏大理论家一样假设对**概念**的明智阐释和区分必然与经验材料有一定程度的系统联系。他们确信,没有理由相信对这些概念的阐释能使之增加什么内容。

总之,经典社会科学既不是从微观研究中"逐步建设",也不是从概念阐释中"演绎而出"。它的研究者们努力使建设和演绎同步,其方式是反复充分地阐述问题及其完整解答。要实践这一策略,就得讨论那些与历史层面上的事实有关的根本性问题,以恰当的术语来表述它们;然后,不管理论升华的层次多高,对细节的梳理多么耗费精力,最终,当二者完成后,要用问题的宏观性术语来阐述对其的解答。总之,经典研究的关注点是实质性问题。问题的性质限定并提示了我们应运用的方法和观念以及如何运用它们。我们要适当地进行对不同"方法论"和"理论"观点的争论,它应和实质问题有密切连续的关联。

五

不管他自己知不知道,人们对问题的排列,即他表达它们的方式以及他规定的优先次序要依赖于方法、理论和价值。

但是,必须承认这一点,有些社会科学工作者并没有准备任何答案用以回答他们的问题是如何排列的这一重要问题。他们觉得不需要回答它,因为事实上他们还不明确自己到底在研究什么问题。有些人把普通人在其日常环境中了解的切身困扰设定为自己要研究的问题;有些人则把当局和利益集团正式或非正式指定的论题作为自己的研究方向。关于这一点,我们在东欧和苏联的同事感触更深,因为我们中的大多数人从未生活在一个严密控制了学术和文化领域的政治组织之下。但这并不说明在西方,当然也包括美国,就不存在这个现象。政治尤其是商业对社会科学家的问题取向会产生影响,这可表现为他们愿意甚至急于采取自我协作的态度。

贯彻自由主义实践性的老派社会科学家,则固执地依据自己的标准来确定困扰;他们尚未澄清据以发现问题的价值;对于本应认识到的自己置身的结构性处境,他们既未清楚地认识,也未曾面对。他们的研究被未消化的事实给噎住了;学者们不具备学术技巧来吸收和规整这些事实;这导致了脱离现实的原因多元论思想。无论如何,贯彻自由主义实践性的社会科学家所假定的价值,不管它们是否受人信奉,如今已广泛融入福利国家的行政自由主义之中。

在科层制的社会科学中,整个社会科学的努力局限于为占统治地位的权威服务。抽象经验主义是其最合适的工具,宏大理论则弥补其理论贫乏。原有的自由主义实践性和科层制的社会科学,都不能通过把大众论题和私人困扰结合为社会科学问题的方式来解决这些困扰和论题。这些学派(就这一意义而言,所有社会科学的学派)学术上的特征及其在政治上的应用,不大容易被区分开来;正是这些政治上的应用与它们的学术特征一道,形成了它们在当代社会科学中所占据的地位。

在社会科学的经典传统中,问题的表述方式是这样的:对问题的陈述涵盖了大量具体环境和不同人所面对的各种私人困扰;人们根据比之更宏观的历史与社会结构来定位这些环境。

除非把问题所蕴含的价值和这些价值所遭受的威胁说清楚,我们才可完整地表述问题。这些价值和危害它们的东西都是构成问题本身的基本条件。我相信,贯穿经典社会分析的价值是理性和自由;而如果说今天危害它们的力量还没有形成当今时代的主要特征,那么这些力量也似乎常常与当代社会的主导潮流相吻合。如今,社会研究的主导性问题有这样一个共同点:它们都关注似乎危害了这两种价值的社会条件和潮流;关注这种危害对人的天性和创造历史所引发的后果。

但在此我不是很关注任何特定的问题系列(包括我自己所选择的问题在内),而是关注对于社会科学家来说,需要反思的,在自己的研究和计划中所承担的实际问题。只有通过这种反思,他们才能明确且细致地考虑问题及其可能的替代方案。只有这样,他们才能客观地进行研究。社会科学研究的客观性需要我们做不停的努力,以清楚地了解这一行业中所包含的所有内容;需要学者们广泛地而且是批判性地交流他们各自的努力。社会科学家可别指望通过**科学方法**的教条模型或装腔作势的宣告**社会科学**的问题,来富有成效地积累和发展他们的学科。

因而，对问题的阐述应该包括对一系列公众论题和私人困扰的明确关注；并且这些阐述应该开启对环境与社会结构间因果联系的探求。我们在阐述问题时，必须明白在问题所包含的困扰与论题中，有什么价值受到真正的威胁；何人接受它们为价值，而又是何人何物威胁了这些价值；这种阐述往往又被如下事实搞得大大复杂化了，即人们发现公众并非总是相信价值受到危害这一事实，所以我们还必须问如下的一些问题：行动者认为什么价值受到了危害？他们认为何人何物危害了这些价值？如果他们完全了解问题所涉及到的价值，他们会为它所受到的危害感到不安吗？我们很有必要把这些价值与感情、争论和恐惧纳入我们对问题的阐述之中，因为这些信仰与期待，不管它们多么不完整、多么有错误，恰恰是论题和困扰的组成因素，而且，如果确有对问题的解答，那么在一定程度上我们要以它解释人们经历的困扰和论题的有效性来检验这一解答。

顺便提一下，要发现"基本问题"及其解答，我们往往需要关注焦虑和漠然，前者从个人生活历程的"深度"中产生，后者从某一历史阶段的社会结构中产生。我们在选择和陈述问题时，首先必须将漠然解释为论题，将焦虑解释为困扰，其次要将困扰和论题都包容于对问题的陈述之中。在这两步中，我们要尽量简单、准确地表述问题涉及的价值和威胁，并将它们联系起来。

任何一个完整的"答案"，都应找出它可以介入的战略据点，即找到结构维持或变迁的"控制杆"；并对那些处于可以介入的位置却没有介入的人作出评价。对问题的阐述还包含其他比之多得多的内容，但在此我只想指出个大概。

注释

1　参见第三章第一部分。

2　例如,可参见一个很有趣的尝试:"当代社会科学的两种风格"("Two Styles of Research in Current Social Studies"), *Philosophy of Science,* Vol. 20, NO.4, October, 1953, pp. 266-75。

3　见 *Tensions That Cause Wars*(《引发战争的紧张》), Hadley Cantril 主编; Urbana, Illinois, University of Illinois Press, 1950, p. 297。

4　W. A. Johr and H. W. Singer, *The Role of the Economist as Official Adviser*("作为官方顾问的经济学家的角色"), London, George Allen & Unwin, 1955, pp. 3-4. 顺便提一下,这本书是用恰当方式讨论社会科学的方法的范例。有特殊意义的是,它是用两名经验丰富的巧匠间的对话形式写成。

第七章　人类的多样性

在对社会科学中出现的几种流行趋势进行了相当充分的批评之后，现在我想回到更富于建设性的，甚至是纲领性的社会科学前景的思想上来。社会科学大概已被搅得一团糟；但我们应当纠正这种混乱状态，而不是对其抱持惋惜。它可能显出了病态，但对这一事实的认知可以并且应当看作是对疗救的召唤，甚至可能是恢复常态的先兆。

一

社会科学应当关注的，是人类的多样性。这种多样性构成了人类过去、现在和未来分别生活于其中的全部社会世界。在这些社会世界中，包括目前已知的历时千年之久而绝少变化的原始社区；也包括那些历史上突然以暴力打开天下的强权国家。拜占庭和欧罗巴，中华帝国和古罗马，洛杉矶都市与古秘鲁王朝，所有这些人类已知的世界都敞开在我们的审视之中。

在这些世界里，有空阔的村落、压力团体、儿童组织以及纳瓦霍（Navajo）的制油工匠；有空军瞄准方圆一百英里的大都会地区，准备实施打击；有街角的警察、亲密的交际圈和同处一室而互不相识的人们；有犯罪集团；有某个夜晚在世各大城市广场和路口涌动的人潮；有霍皮族（Hopi）儿童和阿拉伯奴隶贩子；有德国各个政党、波兰各个阶级、门诺派*的学校；有发生在高原的精神癫狂以及遍及世界的无线广播网。各种族血统和族群在电影放映厅里混成一团，可又遭到隔离；婚姻既甜美也让人深恶痛绝；在商业、工业、政府以及基层机构乃至大洲上的几乎所有国家，都存在的上千个分化细密的行当。每天发生着成百万次微不足道的交易，哪里都有多得难以计数的"群体"。

人类的多样性也包含着个体的多样性；这些同样须被社会学的想象力所把握和理解。在此想象中，1850年的婆罗门与伊利诺伊州的拓荒者站在一起；18世纪的英国绅士和澳大利亚土著人比肩而立，同时在场的，还有一百年前的中国农民，当代玻利维亚的政治家，法国的封建骑士，参加1914年绝食抗议的英国女权运动者与一位好莱坞新星和古罗马贵族。写到"人类"，就不能不写到这些男男女女——既有不凡如歌德，也有平凡如邻家女孩。

社会科学家以有序的方式来理解人类多样性。但考虑到这种多样性的广度和深度，应该向他提这样一个问题：这真的可能吗？社会科学的混乱，不正是对其实践者所着力研究的对象的必然反映吗？我的回答是，也许多样性并不像由对其中一小部分的罗列所显示的那样"无序"，甚至并不比由学院和大学提供的研究程序所显示的那样无序。同无序一样，有

---

* 门诺派是16世纪起源于荷兰的基督教新教派，反对婴儿洗礼、服兵役等，主张衣着朴素，生活节俭。——译者注

序也是相对于观点而存在的：要达到对人类和社会的有序理解，我们需要一系列观点。它必须足够简要，使得理解成为可能；又必须足够的综合，使我们在观点中能包含多样性的广度和深度。为获得此类观点而努力，是社会科学首要和恒久的目的。

当然，观点都是建立于一系列问题之上的，而社会科学（我在第一章中所提到）的全面性问题，会自然而然地出现在对于社会科学（如物种演化研究、历史研究以及对二者在社会结构中的交叉的研究）中定位性的概念，有着牢牢把握的研究者的头脑中。为了研究这些问题，为了认识人类的多样性，就要求我们的研究与历史现实的层次，以及这一现实对个人的意义保持长期的、紧密的联系。我们的目的是确定这一现实，并辨别其意义；我们据此才能梳理经典社会科学的问题，从而发现这些问题中所包含的论题和困扰。这要求我们对于在世界历史上曾经出现、目前仍然存在的社会结构有充分的比较性的理解。它要求我们选择小规模的环境，但却根据大规模的历史结构进行研究，要求我们避免在学术部门随意进行专业化，而是应当根据不同的主题，而且首先是根据问题，来使我们的研究专业化，在此过程中，我们要利用将人看作历史行动者的所有研究所具有的视角、思想、材料和方法。

社会科学家历来将绝大部分注意力放在政治和经济制度上，不过军事和亲属关系，宗教与教育制度同样也被大量研究。这种根据制度履行的客观功能而做的区分，表面看来过于简单，但这样做毕竟有方便之处。如果我们理解了这些制度秩序是如何相互交织的，那么对这一社会结构也就了然于胸。"社会结构"这一应用极广的概念，就是指根据其履行功能而进行分类的制度的组合,这是社会科学家所使用过的最有包容性的研究单位。相应地,他们最宽泛的目的,就是理解存在于社会结构的部分和全体中的多样性。"社会结构"这一术语本身就有多个定义,其他的术语也被用来解释这一概念,但如果我们能牢记环境与结构的差别,以及制度的观念,那么我们在涉及社会结构时,就不会无法认识社会结构的思想。

二

在我们这个时代,社会结构通常是在政治国家下组织起来的。从权力,以及其他令人关注的方面来看,社会结构中最有包容性的研究单位是民族国家。在当今世界历史上,民族国家是一种主要的国家形式,同时,在每个人生活中,它也是一个重要的事实。民族国家曾经在不同程度上,以不同方式分解和构成了几大"文明"和世界各大洲。它们扩张的程度和发展历程对于理解现代和当今的世界历史,都是一个重要的线索。在民族国家中,政治、军事、文化和经济等方面的决策和权力的手段都是组织化的。绝大多数人的公共与私人生活空间——即所有的制度和具体环境都被组织成为某一个民族国家。

当然,社会科学家不仅仅着眼于国家社会的结构,因为正是在民族国家的框架中,他们最经常地感到需要对大大小小的单位问题进行阐释。而其他的"单位",则很容易理解为"前国家的"或"后国家的"。这是很自然的,因为国家单位可能"属于"几大"文明"之中的一个,这就常常意味着它们的宗教制度是"世界宗教"中的一支。"文明"的这类事实,同其他事实一样,或许提供了比较民族国家在当代所表现出的多样性的方法。但是在诸如汤因比应用的事例中,"文明"似乎显得过于庞杂、含糊,并不适合作为首要的研究单位,以及作为社会科学的一个"研究的概念范畴"。

在选择国家的社会结构作为一般性的研究单位之时,我们采用了一个适当的概括层次:这一层次使我们得以避免脱离问题,同时又能包容在当代人类行为的许多细节和困扰中明显体现出的结构性力量。而且,选择国家的社会结构,使我们能够很容易地抓住公众关注的主要问题,因为,正是在世界上各个民族国家之间及其内部,有效的权力手段,从而在某种程度上历史的创造,无论其好坏,被严密地组织起来。

显然,在运用权力创造历史方面,各民族国家的地位是不同的,其中一些十分弱小,须仰赖于别的国家,以致国内发生的事件只能从研究强权国家之中得到解释。但在我们对国家这一研究单位的有用分层中,以及在必要的比较研究中,这不过是另外一个问题了。同样,所有的民族国家间都有着相互影响,而其中一些国家溯及渊源,也都有着相似的传统。不过,对于我们可能选择的任何具一定规模的单位,这都是事实。而且,尤其自一战以来,每个民族国家都渐渐自立。

大多数经济学家和政治学家认为,他们主要的研究单位显然是民族国家;即便在研究"国际经济"和"国际关系"时,他们也必定针对不同的、特定的民族国家进行研究。人类学家的背景及其不懈实践的对象当然是社会"整体"或"文化",在他们目前对现代社会的研究中,他们自然而然地尝试将国家作一个整体去理解,并获得了不同程度的成功。但对社会结构的观念缺乏牢固把握的社会学家——从更准确的意义上说是研究专家们——往往认为国家的庞大规模令人起疑。很明显,这是由于对"收集资料"的偏好造成的,而这些资料只有在较小规模的单位中,才可以不费更大代价地得到。这就意味着,他们所选择的研究单位与他们选择的问题所需要的研究单位之间是不协调的;与此相反,问题与单位,这两者都由他们所选择的方法决定。

从某种意义上说,这本书总体上是对这种偏好的反驳。我认为当大多数社会科学家严肃地考察重要问题时,他们会发现,运用任何一个小于民族国家的研究单位阐述问题,都会遇上极大的困难。对于分层研究、经济政策研究、舆论和政治权力本质的研究、工作与闲暇研究,这一点都是确凿无疑的;甚至关于市政府的问题,如果没有对其国家框架的充分参考,也很难得到完备的阐释。因此,凡是对社会科学问题研究经验丰富的人,都可以获得大量有关民族国家的经验证据,于是这一研究单位自身展现出其可取之处。

三

有关社会结构的思想,以及对它作为社会科学的一般性单位的争论,历史上就同社会学紧密联系在一起,社会学家曾经是它传统的支持者。社会学与人类学的传统主题,都是整个社会,或是如人类学家所指称的"文化"。在对整个社会的任何特定要素进行的研究中,典型的"社会学"的做法是持续不断地将各要素结合到一起,以求得出总体的认识。我已经提到过,社会学的想象力在相当程度上是这种努力训练的结果。但目前,这一观点和这类实践并没有成为社会学家和人类学家的专擅。从前是这些学科的承诺的内容,现在则在社会科学中普遍成为蹒跚的学步和目标了。

从文化人类学的古典传统和当前的发展来看，它与社会学研究之间没有任何根本差别。从前，当对现实社会的调查寥若晨星时，人类学家不得不从偏远地方的野蛮人中收集资料。而其他的社会科学，特别是历史学、人口学和政治学，则从学科初兴时便只利用文明社会积存的文献资料。这一事实颇能作为划分学科的依据。而现在，不同类型的"经验调查"在所有社会科学中得到运用，所运用的技巧，则由心理学家和社会学家在研究历史社会中极为充分地发展出来。近年来，人类学家在保持相当距离的前提下，也研究了发达社区，甚至民族国家；相反，社会学家和经济学家也对"未开化的人"进行研究。无论是在方法，还是在研究主题的分界上，现在已不存在任何特征能将人类学与经济学、社会学真正地区别开来。

大多数经济学和政治学研究一直在研究社会结构中特定的制度范畴。相比之下，对于"经济"和"国家"，政治学家和经济学家都发展出了"经典理论"（前者较后者要稍逊一筹），并已经过几代学者的传承。简言之，他们构造了一些模型，尽管政治学家（包括社会学家）历来不如经济学家对他们的模型抱有自觉的意识。当然，经典理论包含了构造概念和假设，以便于推理和概括；然后，再将这些概念和假设与经验命题相比较。在此过程中，概念、步骤甚至问题，至少被隐含地规则化了。

以上所言或许不谬。然而，对于经济学（这是可以肯定的），以及对于政治学和社会学来说，有两种发展趋势使得国家和经济的规范模型间的相关性越来越小，它们有明晰的，也就是说，规范的，基本互斥的界限：所谓未发达地区经济和政治的发展，以及20世纪"政治经济制度"（包括极权的和形式民主的)形式的发展趋向。对于敏锐的经济学理论家,实际上,对于所有配得上社会科学家头衔的人来说,二次大战后的惨淡景象既具有侵蚀性,又富含学术机遇。

单纯经济学意义上的"价格理论",从逻辑上看可能是规范的,但经验上却不可能充分。这样一个理论需要考虑到商业制度的管理和决策群内部及其相互之间的角色;它还要求对有关成本,特别是工资的预期心理的关注;以及对小型商业卡特尔——同时必须理解其领导者(的行为)——设定价格的关注。类似地,要弄懂"利息率",往往需要对银行家与政府官员之间官方与私下的交易,以及客观的经济结构有所了解。

我想,要做到这一点别无他法,对于每一位社会科学家来说,只能投入到社会科学之中,运用它来进行充分地比较,我相信,这在当前堪为一个十分强大的兴趣推动力。比较性研究,包括理论的和经验的,在当前社会科学中是最有前景的行当,只有在统一的社会科学中,才能把这些研究做得最好。

四

随着社会科学各分支的发展,各分支间的相互影响越来越大。经济学的主要问题又回归到了起点——"政治经济制度",它日益以整体社会结构为其视野。经济学家,如加尔布雷思,同时又是可与罗伯特·达尔和大卫·杜鲁门比肩的政治学家;实际上,他的关于当代美国资本主义结构的研究即是关于政治经济制度的社会学理论,可与熊彼特对资本主义和民主或是拉瑟姆于团体政治的论述相提并论。拉斯维尔、里斯曼,或阿尔蒙德,既是社会学家,又是心理学家,同时还是政治学家。他们进出于社会科学各门类中,堪为各门类的专家;只要一个人开始掌握这些门类中任何一个,他就不得不涉猎其他门类,也即进入所有那些领域的传统势力范围。当然,他们可能会在某一制度领域的研究中专业化,但只要把握住专业的本质,也一样能逐渐领会这一制度在整个社会结构中所处的位置,从而领会到与其他制度范畴的联系。制度的每一件事实在相当程度上由这些联系构成,这一点是越来越明确了。

当然,我们不能认为在面对人类千姿百态的多样性时,社会科学家已经把手头的研究加以合理地分解了。首先,他们所涉及的每一学科都是循着各自的轨迹发展起来的,并且只对特定的要求和条件作出回应;从来没有哪一门学科是被当作完整计划中的一部分而发展起来的。其次,关于这几门学科间的关系以及专业化的适当程度,当然还存在不同的意见。但在今天,压倒性的事实是这些争论更适于成为学院生活中的事件,而非学术上的难题;我认为,即使在学院中,它们目前也会自我消解,随时间而淘汰。

从学术上讲,当前的中心事实是学科分界线的流动性日益增强;概念在学科间的流动也更加容易。出现了一些引人注目的事例,精通一个领域中的词汇,并将其灵活地应用于另一个传统领域。无论当前还是将来,专业化将一直存在,但它不应当采取我们所知的多少有些偶然发展起来的学科形式来进行。它应当与问题同步——解决这些问题需要运用传统上属于这几门学科的学术工具——依循问题的界线进行专业化。类似的概念和方法已逐渐为所有的社会科学家运用。

每个社会科学各个分支都是由某个学术类型的内在发展形塑的;同时也受到制度"偶然因素"的决定性影响,在各西方主要国家中形塑社会科学的不同方式清楚地揭示了这一事实。业已成熟的学科,包括哲学、历史学和人文学的容忍抑或漠然往往规定了社会学、经济学、人类学、政治学以及心理学的研究范畴。事实上,在一些高等教育机构中,这种容忍是否存在决定了社会科学是否以学术部门形式存在。例如,在牛津、剑桥就不存在"社会学系"。*

过分强调社会科学系科化的危险在于与之相随的假设,即经济、政治及其他社会制度都是一个独立存在的系统。当然,正如我已阐明的,这一假设一直被用来构建"分析模型",这样做确实往往十分有用。经过归纳并固定于学校院系之中的古典"政治"和"经济"模型,确实有可能模拟了19世纪早期英国,尤其是美国的结构。事实上,历史地看,经济学和政治学作为专业,在某种程度上必须根据现代西方的历史发展阶段——其中每一制度层次都宣称是独立的领域——进行解释。但是,一个由独立的制度层次构成的关于社会的模型,当然不是社会科学研究所运用的惟一模型,这一点是显而易见的。我们不能以这类模型作为划分整个学术活动的适当基础。认识到这一点,正是导致人们企图整合社会科学各分支的动力之一。在学院课程的计划中,在研究的理想设计中,政治学、经济学、文化人类学和历史学、社会学以及心理学(至少其中一个重要分支)的学科融合,正在活跃地进行。

由社会科学分支的融合而造成的学术问题,主要与一定社会和时期的制度性秩序——包括政治和经济、军事和信仰、

---

* 作为一个例证,当今世界社会理论界的风云人物吉登斯在1984年发表著名的《社会的构成》后,剑桥大学于次年聘其为该校历史上首位社会学教授。——译者注

家庭和教育——间的关系有关，这些正是我所说的重要问题。社会科学学科之间的研究关系的实际困难，与课程设计和学术经历有关，与语言上的混融以及各学科已有的毕业生就业市场有关。在社会科学的整合工作中，一大障碍是介绍单一学科的教科书。对"领域"的整合和界限规定，更多的是通过教科书而非其他学术产品。很难想象比之更不恰当的场合。然而，哪怕著书人和读者只是出于短期目的，教科书的批发商也可获得实际利益，在教科书的整合中，人们通过概念和方法而非问题和研究主题对社会科学进行整合。相应地，与独特"领域"有关的思想，其立足的根基与其说是切实的问题域，不如说是虚饰的概念。尽管如此，这些概念难以超越，未来会如何我也不知。不过，我感到在学院学科的社团中，就有一个机会，结构性的发展趋势将一定会折服那些往往执迷不悟，仍陷在专业化环境中的学者。

与此同时，可以肯定的是，许多社会科学家都认识到，更为明确地确认社会科学共同导向的任务，将使他们更好地实现"他们自己的学科"的目标。现在，那些个体实践者，完全有可能忽略系科的"偶然"发展，选择和决定他自己的专业，而不受系科性质限制。当他对重要问题渐渐有了真实感受并且满怀热情地准备解决时，他往往不得不掌握碰巧从某类学科中冒出来的思想和方法。对他来说，任何一个社会科学专业在任何学术意义上来说，都不再是一个封闭的世界。他还渐渐体会到他就在实践着整个社会科学，而不再仅仅是其中的一支，无论他在研究中极为关注的是哪一具体的社会生活领域，情况都是如此。

人们往往断言，没有谁能具有百科全书般的头脑，却不是半瓶子醋。我不知道事实是否如此,若果真如此,难道我们仍不能具备哪怕只是部分百科全书式的感觉?要真正掌握所有这些学科的内容、概念、方法,的确绝无可能。而且,尝试用"概念移植"或对材料的详尽阐释来"整合社会科学",通常只会沦于华而不实的废话;课程中讲授的"社会科学概论",大抵也不外乎此。这样的理解、移植、阐释和这一类课程,并非"社会科学统一"的真义。

而它真正的含义是:要阐明和解决我们这个时代的任何一个主要问题,都需要从不止一个学科中选取材料、概念和方法。一位社会科学家不必为了熟悉某一学科的材料和视角,以便运用它们解决他所研究的问题,而去"掌握这一学科"。专业化应该以这种重要的"问题",而非恪守学科界限的方式进行。在我看来,这就是今天正在发生的事情。

第八章 对历史的运用

社会科学探讨的是个人生活历程、历史和它们在社会结构中交织的问题。这三者(个人生活历程、历史和社会)是方向正确的人的研究的坐标点,当代一些社会学流派的实践者放弃了这一经典传统,在我批判这些流派时,它们构成我的一个基本立足点。我们时代的诸种问题,现在包括人的本质这一问题,如果不能一直把历史视为社会研究的主轴,不能一直认识到需要深入发展以社会学为基础、与历史相联系的关于人的心理学,就不可能得到充分的描述。如果不运用历史,不具备心理事件的历史感,社会科学家就不可能对现在应成为研究定位点的那些问题进行完整的表述。

一

人们争论历史研究是否应被看作一门社会科学,这个倒人胃口的争论既不重要,也不是很有趣。很明显,结论依赖于你在谈论什么类型的历史学家和社会科学家。有些历史学家显然是据称的事实的编撰者,他们尽量不去"解释"这些事实;他们往往颇为顺利地埋首于历史的某一片断,并似乎不愿将这一片断置于更广泛的事件序列之中。有些人则往往很顺利地超越历史,沉迷于即将来临的厄运或荣耀的超越历史的视野之中。作为一门学科,历史学确实要求挖掘细节,但它也鼓励人们开拓眼光,把握社会结构发展中时代的关键事件。

为理解社会制度的历史变迁,也许大多数历史学家通常要借助描述来"确定事实",并对这些事实进行解释。更进一步,许多历史学家毫不犹豫地在自己的研究中涵盖了社会生活的各个领域。因而他们的视野是属于社会科学的,尽管像其他社会科学家一样,他们也会在政治史、经济史或观念史上有所分工。如果历史学家研究不同类型的制度,他们也许会倾向于强调一段时期内出现的变迁,并采取一种非比较性的方法进行研究,但许多研究不同类型制度的社会科学家的工作则更侧重于比较,而不是历史变化。不过,这种区别当然只是一种侧重点不同,只是在一项共同任务中各有分工。

目前,许多美国社会科学家受到社会科学的观念、问题和方法的很大影响。巴尔赞和格拉夫最近提出:也许"社会科学家一直在催促历史学家们将他们的方法现代化",因为"社会科学家太忙了,没空读历史",而且"当用另一种形式来表述他们自己的资料时,他们竟识别不出来"。[1]

当然,在任何一项历史学研究工作中,方法上的问题比许多历史学家通常所想象的要多。但现在他们中有些人确实在想象——他们对方法的想象不如对方法论的想象多——并且是以一种只会造成从历史现实中奇怪地抽身而出的方式想象。有些"社会科学"对某些历史学家的影响往往不是很美妙,但这种影响尚不足够广泛,此处无需深论。

历史学家的主要任务是以直笔保留人类的记录,但实际上这只是具有欺骗性的口头目标而已。历史学家代表了人类的组织化了的记忆,而这种记忆,作为书写下来的历史,是非常有弹性的。从这一代历史学家到下一代,它的变化往往很大,这并不仅仅是由于后来更细致的发现使记录中引入了新的事实和资料,还由于人们的兴趣点和现在人们建立记录的框架发生了变化。这些是从无数可得的事实中作出选择的依据,同时也是对这些事实意义的主导解释。可历史学家不可能回避选取事实,虽然他会始终谨慎地解释,以否认这一点。我们不一定非得通过乔治·奥威尔想象中的设计就可以了解在持续不断的重写过程之中,历史如何容易被歪曲,尽管他的《1984》一书的确非常突出地强调了这种歪曲,而且——让我们希望如此——真的让我们一些历史学同行吓了一跳。

历史学行业中的这些危险使它成为人文学科中理论性最强的行业,而这一局面又使许多历史学家冷静的无知无觉更加让人震动。是的,让人震动,但也让人十分不安。我猜测,有一些时期人们的视角死板且单一,这些时期的历史学家可以始终不知道人们习以为常的主题是什么。但我们的时代不是这样的时代;如果历史学家没有"理论",他们也许可以为撰写历史提供材料,但他们自己不能书写历史,他们虽可以以此自娱,但他们不能如实记录。如今,完成这一任务需要对"事实"之外的很多东西予以明确关注。

历史学家所创造的东西也许被认为是社会科学不可或缺的庞大档案,我相信这是一个正确且人们从中受益颇多的观点。作为一门学科,历史学有时也被认为包含所有社会科学,但只是少数误入歧途的"人文主义者"这么认为。比上述两个观点更为基本的思想是认为每一门社会科学,或更确切点,每一门考虑周全的社会科学,都需要具备观念的历史视野以及充分利用历史资料。这种简单的思想是我要提出的主要思想。

首先，我们可能要面临许多社会科学家经常持有的对利用历史资料的反对立场：人们坚持认为这些资料不准确，或者是在与可以得到的更可信更准确的当代资料相比较时，由于对它们了解不够而无法加以利用。当然这种反对不会在社会研究中引起很麻烦的问题，但它只是在人们限定所允许的信息时才有用。正如我所提出的，并非严格的方法上的限制，而是需要有问题，才应该是而且已经是经典的社会分析家首要的考虑。进一步说，这种反对只与某些特定问题相关，而且，事实上，它往往也被人们置于一边：因为对许多问题来说，我们能得到完整信息的，仅仅是关于过去的。官方与非官方的秘密，对公共关系的广泛运用，都是我们判断有关过去与现在的信息的可靠性时，当然必须考虑的当代事实。总之，这种反对只是又一种方法上的限制，并往往成为政治上保持沉默的"不可知论"的意识形态的特征。

二

比历史学家在何种程度上是社会学家，或者他们应该如何行动更为重要的，是如下更引人争议的论点，即社会科学本身就是历史学科。为完成任务，甚至很好地表述其任务，社会科学家必须使用历史资料。除非有人假定存在某种关于历史本质的超越历史的理论，或社会中的人是非历史性的实体，没有哪门社会科学能被假定是超越了历史的。所有名副其实的社会学都应该是"历史社会学"。在斯威齐的精妙术语中，这个词语是一种撰写"作为历史的现在"的努力。历史学与社会学之间存在密切关系，有几个原因：

（1）在(我们)对将被解释的内容的陈述之中,我们需要范围更为全面的东西,而它们只能由人类社会历史多样性的知识提供。对于一个给定的问题,比如各种民族主义和军国主义之间的关系,当问及不同的社会和时期时,往往必须给出不同的答案,这意味着问题本身往往需要重新进行表述。我们要正确地提出社会学的问题,都甚至需要由历史学提供的多样性,更不用说去回答它们了。我们所能给出的回答或解释常常是要根据比较的。无论是奴隶制还是犯罪的特殊意义,是家庭的种种类型还是农村社区或集体农庄,对于这些我们试图理解的东西,要想理解其中最基本的情况,我们都需要运用比较。我们必须在多种环境中观察我们所感兴趣的东西,否则,就只能局限于肤浅的描述。

而要想有所超越,我们就得研究可能限度内的(包括当代的和历史上的)社会结构。如果我们不考虑到限度——这限度当然不是指所有存在的事情——我们的表述就不可能在经验上充分。对于社会某些方面可能具备的这些规律性或关联,我们也无法清楚地发现。总而言之,历史类型是我们所研究事物中一个很重要的方面;对于我们的种种解释,它们也必不可缺。从我们的研究中排除掉这些对人们的所作所为及其变化记载的资料,就如同假装企图研究生育过程,却无视母性的存在一样。

如果我们将自己局限于当代(通常是西方)社会的某个民族单元,就别指望能捕捉到各种不同类型的人和社会制度之间许多真正本质的差异。这一普遍的真理对社会科学的研究工作具有非常特别的意义:在社会的转折关头,往往存在相当多的信仰、价值和制度形式的共同尺度,以致无论我们的研究多么细致与精确,我们都找不出在这一时期该社会中的不同人和制度间所存在的真正有意义的差别。事实上,一时一地的研究往往假定或暗示了某种同质性,而这种同质性即便存在,也非常需要被看作为一个问题。在当前的研究实践中,这一情况往往被化约为一个抽样程序的问题,但这么做不会有什么结果。限于一时一地是不可能把它表述为一个问题的。

各个社会在具体现象的变化幅度上,以及更一般意义而言的同质性程度上,都有所差异。正如金斯伯格所说的,如果我们所研究的某个东西"展现了同一社会内部或同一时期足够的个人差异,就有可能不脱离该社会或该时期而建立真正的联系。"[2]情况往往如此,但通常又不是那么确定,以致这可能只是一种假设而已;要想知道它是否正确,我们往往必须把研究设计为对不同社会结构的比较。要进行充分的比较,就通常需要利用由历史所提供的多样性。除非我们通过比较的方式考虑当代和历史范畴内的社会,否则,社会同质性的问题,正如在现代大众社会中或反之,在传统社会中存在的,甚至不可能得到恰如其分的表述,更不用说妥当的解决了。

例如,如果我们不进行这种工作,就无法搞清楚政治学中诸如"公共的"和"舆论"之类的核心主题的含义。如果我们在研究中不涉及全面的范畴,则往往会让自己无奈地得到肤浅和误导的结果。例如,我猜测任何人都不会对如下表述进行争论,即政治淡漠是当代西方社会政治舞台上的一个主要事实。但在那些未进行比较未运用历史资料的"选民政治心理"的研究中,我们甚至找不出对"选民"或"政治人"的分类。而这一分类才确实考虑到了这种冷漠。事实上,泛泛根据这些选举研究,绝不可能把这种具有历史特殊性的政治淡漠的思想表述清楚,更不用说了解它的含义了。

说前工业化世界中的农民"政治上淡漠",与说现代大众社会中的人们同样如此,这两种说法并不具有相同的意义。一方面,在这两种类型社会中,政治组织对人们生活方式和处境的重要性有很大的差别。另一方面,人们得以投入政治的规范机会也有差别。再者,由现代西方社会整个中产阶级民主潮流所产生的介入政治的期望,在前工业世界中并不是始终存在的。为了理解"政治淡漠"并解释它,领会它对现代社会的意义,我们要考虑淡漠的各种类型和条件;而要想完成这一工作,我们必须考察历史的和可进行比较的资料。

(2)非历史研究通常易成为对有限环境的静态或短期性的研究。但这只是一种期望而已,因为在更宏大的结构发生变迁时,我们会更容易认识这些结构,而只有在我们拓展视野,使它包括一个恰当的历史阶段时,我们才有可能了解这些变迁。要想理解小环境大结构之间如何相互作用,理解在这些有限环境中起重要影响的大事,我们就得处理历史资料。就结构这一中心主题的所有含义而言,要了解结构,以及充分表达有限环境中的困扰与问题,就要求我们把社会科学看作一门历史学科,并付诸实践。

历史学的研究工作不只是使我们更加意识结构的存在;如果不运用历史资料,我们就别指望能理解任何一个单个的社会,即便是把它作为一个静态的事务来看待。任何一个社会的表象都具有其历史特殊性。马克思所谓的"历史特殊性原则"首行指的就是这样一种方针:任何一个给定社会都要根据它所存在的特定时代来理解。无论怎么界定"时代",在给定时代流行的制度、意识形态、各种类型的男女众生都构成了某种具有独一无二模式的东西。这并不表明这样一个历史类型无法与其他的相比较,当然也不表明只能以直觉把握这一模式。但它确实表明,在这一历史类型中,各种变迁机制形成某种特定的交叉结合是该原则的第二层所指。这些机制,卡尔·曼海姆追随约翰·斯图亚特·穆勒称之为"主导媒体",它们正是关注社会结构的社会科学家所希望把握的机制。

早期的社会理论家试图阐明不变的社会法则,这些法则可以涵盖所有社会,就像物理学的抽象程序导致破坏"自然"的质的丰富性的法则。我相信,没有哪个社会科学家所提出的"法则"是超越历史的,是不能理解为与某一时期的特定结构有关的。如果有这样的"法则",也无非是空洞的抽象或相当含混的同义反复,"社会法则"乃至"社会规律性"的惟一含义,是在某个特定历史时期,去发现,或者,如果你希望的话,去建构诸如"主导媒体"的东西。我们不知道什么历史变迁的普遍原则;我们所知道的变迁机制,根据我们所考察的社会结构而有所区别。因为历史变迁就是社会结构的变迁,它们的组成部分之间相互关系的变迁。正如社会结构多种多样,历史变迁的原则也是各有不同的。

(3)对经济学家、政治学家或社会学家来说,一旦他离开发达的工业化祖国去考察其他不同社会结构,如中东、亚洲、非洲的制度,有关该社会历史的知识显然是理解该社会所不可或缺的。在对他"自己的国家"进行的研究中,他往往会不知不觉地用到历史;在他研究所使用的观念中正体现了这种历史知识。当他考虑更全面的范围,当他进行比较时,他会更清晰地意识到历史,把它作为他所想理解的东西的内在的一部分,而不仅仅是"一般背景"。

在我们的时代,西方社会中的问题几乎不可避免地成为世界性的问题。这很可能是我们所处时代的一个规定性特征,在这个时代,它所包含的不同社会首次有了不容忽视的、迅速的、显而易见的相互作用。研究这一时代,就必须比较地考察这些世界和它们间的互动。也许正因为如此,曾经是人类学家的"异域的保留地"的地方,现已成为世界上的"不发达国家",经济学家、政治学家和社会学家现在一般都把它们作为研究客体。正因为如此,今天所完成的某些最优秀的社会学研究是在世界不同地域和地区中进行的。

比较研究和历史研究彼此深入地交织在一起,用肤浅的、没有时间性的比较,你无法理解现在世界上存在的包括不发达国家、共产主义、资本主义政治经济体系。你必须在分析中拓展时间跨度。要理解并解释现在呈于眼前的比较性事实,你必须了解各个历史阶段,以及造成发展及发展速度和方向不同的各种历史阶段和历史原因。例如,你必须知道为什么西方人16、17世纪在北美和澳大利亚建立的殖民地必然会成为工业繁荣的资本主义国家,而那些印度、拉美和非洲的殖民地则直到20世纪仍然是赤贫的、农业的、不发达的地方。

因此历史的观点导致对不同社会的比较研究:只根据某个现代西方民族自己经过的历史,是无法理解或解释它所经历的主要历史阶段以及它今天所表现出来的面貌的。我不仅想表明在历史现实中,它与其他社会发展的相互作用;我还想表明对于在这个社会结构中出现的一些历史和社会学的问题,如果不在与其他社会的对比和比较中理解它们,我们甚至不能把它们表述清楚。

（4）即使我们的研究不具有很明确的比较性,即使我们只关注一个民族的社会结构中的某个有限区域,我们也需要历史资料。只有经过不违背社会现实的抽象,我们才能设法"冻结"某个紧要时刻。当然,我们会形成一些静态的浏览甚至全景扫描,但却不能以这些东西结束我们的研究。既然我们知道正在研究的东西是会变化的,那么在最简单的描述性层次上,我们必须问：它的主要趋势是什么？要回答这个问题,我们必须至少表述出它"从哪儿来"和"到哪儿去"。

我们也许描述非常短期的趋势,也许描述有相当长的纪元时代跨度的趋势；这当然要取决于我们的目标。但在任何具一定规模的研究中,我们都发现需要涉及相当长时期的趋势,即便这只是为了克服历史狭隘主义：即假设现在是一种自主的生发物。

如果我们想理解当代社会结构中的动态变化,就必须尽力洞察它的长期发展,并根据这些发展设问：这些趋势发生的机制是什么,该社会结构变迁的机制是什么？正是在诸如此类的问题中,我们才能深入涉及这些趋势。我们得以探讨纪元时代间的历史过渡,以及我们称之为纪元时代的结构。

社会科学家希望理解当今纪元时代的本质,勾勒它的结构,洞察在其中发生作用的主要力量。每个纪元时代,当它被恰当地界定之后,都是"可以理解的研究领域",该研究揭示了这一纪元时代中独特的构建历史的机制。例如,"权力精英"在构建历史中的角色,随制度性的决策手段集中化的程度不同而产生差异。

关于"现代"的结构和动力学的思想，关于它所具有的本质的、独一无二的特征的思想，对社会科学来说很为关键，尽管这一点人们往往未加以承认。政治学家研究现代国家；经济学家研究现代资本主义。社会学家，尤其在与马克思主义的论辩中，根据"现时代的特征"来设定他们的许多问题；而人类学家则运用他们对现代世界的敏锐感受去考察未开化社会。可能现代社会科学诸如政治学、经济学以及社会学的许多经典问题，事实上都与某一特定的历史解释相关联：即对现代西方——它通常与封建时期相对比——的城市工业社会的兴起、组成及其面貌的解释。

社会科学的许多常用观念都与从封建时期的农村社区向现代城市社会的历史过渡有关：梅因的"身份"和"契约"；滕尼斯的"社区"与"社会"，韦伯的"地位群体"与"阶级"，圣西门的"三阶段"；斯宾塞的"军事社会"与"工业社会"，帕累托的"精英循环"，库利的"初级群体和次级群体"，涂尔干的"机械团结"和"有机团结"，雷德菲尔德的"乡俗"和"城市"，贝克尔的"神圣的"与"世俗的"，拉斯维尔的"谈判社会"（bargaining society）和"卫戍国家"（garrison state）。无论这些观念如何被普遍地运用，都是有历史根源的观念。甚至那些相信自己的研究不涉及历史的人，在运用这些术语时也表明他们具有历史趋势的思想乃至一种时代感。

正是应该根据他们对"现时代"的面貌和动力机制的警觉，对其危机本质的警觉，来理解社会科学家对"趋势"的一般性关注。我们研究趋势，企图探究各种事件，有条有理地理解它们。在这样的研究中，我们往往尽量把目光集中于刚好只在现在前面一小步的各个趋势，并且更重要的是，尽量一下子看到所有趋势,把它们作为这一时期整个结构中各个运动着的部分。当然,在学术上来说,认可某段时间的某个趋势,让它们保持彼此孤立,好像它就是如此,这要比尽量看到它们全体更为容易(政治上也更为可行)。对那些只写些四平八稳的小品文的文学经验主义者来说,任何想"观及整体"的努力往往像是一种"极端主义者的夸张"。

当然,在"观及整体"的努力中,的确有许多学术上的危险。一方面,某个人认为是整体性的东西,其他人会只看为一个部分而已,而且有时候,由于缺乏提纲挈领的眼光,这种努力会屈从于对描述的需要。当然,这种努力还可能会引起偏见,但我认为它却不会比下面这种看法更会引起偏见,即认为可以不参照任何关于整体的思想来准确地选择能够考察的细节,因为这样的选择一定很武断。在以历史为取向的研究中,我们也很容易混淆"预测"和"描述"。然而,我们不可能对这两者作出严格的区分,而且它们也不是观察趋势的惟一途径。我们可以考察趋势,力图回答"我们将向何处去"的问题,这正是社会科学家常常努力去做的事情。这么做时,我们力图研究历史而不是退隐其中;力图关注当代的趋势,但并非"只是新闻记者"似的关注,力图把握这些趋势的未来,但不仅仅是预言家似的预言。所有这些都很难做到。我们必须记住我们正在处理历史资料,它们的确变化迅速,并且还有反向的趋势存在。我们始终必须平衡当前紧要关头的迫切性与阐明某个特定趋势对于整个时期的意义所需的普遍性。但首先,社会科学家在力图看清同时出现的几个主要趋势,并且从结构角度加以认识;而不是将之视为分散环境中发生的事件,再把它们累加为毫无新意的东西(实际上,也根本没有累加)。这是个目

154

标,使趋势研究得以与对时代的理解相关联,这要求我们全面灵活地运用历史资料。

三

在目前的社会科学中,有一种"对历史的运用"非常普遍,而实际上,它更是种仪式上的运用而非真正的运用。我指的是沉闷乏味的零碎拼凑,它作为"历史背景的概述"为人所知,而对当代社会的研究往往以此作为开端;我指的是"专门为此的"程式,它因提出了"历史解释"而为人所知。这样的解释,依赖于某单一社会的过去,几乎都是不充分的。对于它们,应该说明三点:

第一,我认为我们必须承认这一点:即我们经常是出于摆脱历史的目的而研究历史。我说这个是想表明,那些被看作历史解释的东西往往更应该看作对应被解释的东西的描述。我们不要把某个东西"解释"为"从过去延续下来",而是更应该问:"它为什么能延续下来?"我们通常会发现根据我们研究的逝去的阶段不同,答案会有所不同;因为对每个阶段,我们都会力图搞清楚它发挥了什么作用,怎样以及为什么进入到下一阶段的。

第二,在对当代社会的研究中,我认为要尽量根据当代的特征在当代的功能来解释它们,这常常是个好的规则。这也就意味着要把它们定位,把它们看作当代环境的一部分甚至是引起其他特征的原因。即便只是对它们作出定义,作出清晰的界定,使它们的组成成分更加具体,都最好是以一个大致比较狭小的跨度(尽管它当然还是历史性的)作为开始。

某些新弗洛伊德学派的学者,在他们对个人的成年问题的研究中,已经开始运用类似的一系列步骤,也许K. 霍妮最为清楚这一点。他们只是在自己的研究已经考察完当代的特征和个性的环境之后,才回到基因的、生物性的原因上来。当然,对整个事情的经典争论出现于人类学中的功能学派和历史学派之间。我猜测,其中一个原因是"历史解释"太经常地成为保守的意识形态:这些制度已经演变了很长时间,因而不应轻率地干预它们。而另一个原因则是"历史意识"太经常成为一种激进的意识形态的根源:这些制度终究只是过渡性的;因而这些特定的制度对人来说,既不是永恒的,也不是"合乎自然的";它们也会变化。这两个观点往往来自于历史决定论甚至易导致清静无为立场的历史命定论;或来自于对历史以及它如何被构建出来的错误看法。我并不想削弱这种我也一直在尽力获得的历史感;但我也不想以对历史命运思想的或保守或激进的运用来支持我的解释方法。我不认为"命运"是一个普遍性的历史范畴,对此我将在下文予以解释。

我的最后一点就更具争议性了,但如果它正确的话,它将非常重要:我相信在是否需要直接参照"历史因素"进行理解方面,不同时期和社会是有所区别的。某个给定社会在给定时期的历史本质也许会是这样:"历史往事"与对它们的理解仅仅具有间接的相关性。

当然,很明显,要理解一个运动缓慢的社会,一个跌入了持续几个世纪的贫困、传统、疾病和愚昧的循环的社会,我们就得研究其历史根源,研究它在自己的历史上跌入这个可怕陷阱的持续的历史机制。对这个循环的解释,对它的每个阶段的动力的解释,需要非常深入的历史分析。而首先需要进行解释的是这整个循环的机制。

可是,比如美国或西北欧及澳大利亚这样的国家,到目前为止,还没有跌入任何牢不可破的循环。这种循环(就像在伊本·赫勒敦*的沙漠世界中出现的³),从没有控制过他们。在我看来,所有用这种方式理解它们的努力都失败了,而且事实上,它们往往成为超越历史的无意义的东西。

简单地说,历史的相关性,其本身受历史特殊性原则的制约。确实,"世间万物"总可以被说为"源于以往",但是"源于以往"这句话的含义就存在争议。有时,世界上出现相当新的东西,是说"历史"的确在"重复自身"还是说它没有呢?这取决于社会结构和我们所关心的是哪个时期。⁴

这个社会学的原则可以应用于今天的美国,我们的社会可能是处于这样一个时代,在此时代,我们的社会与历史解释的相关程度低于其他许多社会和时期,而我相信,上述观点大大有助于我们理解美国社会科学的几个重要方面:(1)为什么许多社会科学家,只关心当代西方社会乃至只关注美国,且认为历史研究与他们的工作不相关;(2)为什么现在有些历史学家在我看来非常粗蛮地谈论科学史,并在他们的研究中运用高度形式主义的,甚至明显的非历史的方法;(3)为什么其他历史学家,尤其是在那些周末增刊中,如此经常地给我们留下这样的印象,即历史实际上是个胡说八道的东西,它既为当代社会的自由主义的实行,也为保守主义的意识形态的实行,制造有关过去的神话。美国往事真是个制造幸福意象的美

---

* 伊本·赫勒敦(Ibn Khaldoun,1332–1460),中世纪阿拉伯历史哲学奠基人。——译者注

妙源泉；而且，如果我对许多历史学家的研究不涉及当代的看法正确的话，这个事实使历史学在意识形态的运用上更加顺手。

历史研究与社会科学的使命及前景间的相关性当然不会局限于对这种"美国式"的社会结构的"历史解释"。而且，历史解释的相关性具有差异的看法本身也是个历史的思想，它必须基于历史进行讨论和检验，甚至对某类当代社会来说，历史的不相关性也很容易推及得太远。只有通过比较研究，我们才会明白某个社会没有出现一定的历史时期，而这对理解该社会当代的面貌是绝对不可缺的。没有封建时代是形成美国社会许多特征的一个基本条件，在这些特征中有美国社会精英的特性和身份的高度流动性，它们经常与缺乏阶级结构和"缺乏阶级意识"相混淆。社会科学家可能会试图借助过分拘泥于概念和方法的形式从历史中脱身，而事实上许多人现在正试图这样做。但这些努力要求他们作出对历史和社会本质的假设，可这些假设既没什么结果，也不符实情。从历史中这样脱身而出使我们不可能（我选用该词并非随意）准确地理解每个社会当代的特征，它是这样一种历史结构，除非经过历史特殊性的社会学原则的指引，否则我们别指望能理解它。

四

在许多方面，社会心理学和历史心理学的问题是我们今天可以研究的最能引起兴趣的问题。正是在这一领域，我们的时代，实际上是西方文明的主要学术传统，现在开始形成令人非常激动的会合。正是在这一领域，"人性的本质"这一从启蒙时代传承下来的人的类属意象在我们的时代，由于极权主义政府的出现，由于族群相对主义，由于发现人们身上潜在的强大的非理性，由于男女众生们似乎可以被非常迅速地历史性改造，逐渐成为问题。

我们已开始看到，如果不参照他们在日常生活的环境在其中组织起来的历史结构，就不能理解男女众生们的生活历程，以及他们所成为的形形色色的个人。历史变迁不仅对个人的生活方式有意义，而且对人们的品格，即人类的种种限制性和可能性有意义。充满活力的民族国家是一个构建历史的单元，在其中，各种各样的男男女女被选择、被塑造、被解放、被压制，它是塑造人的单元。这就是为什么国家、国家集团之间的斗争同时也是对最终会在中东、印度、中国、美国占居主流的人类类型的争夺；这就是为什么当前文化和政治如此紧密地联系在一起；这就是为什么存在对社会学的想象力的如此需要和要求。因为若是把"人"看作是一个孤立的生物体，看作反射作用的集合体，看作"容易理解的领域"或自在自为的系统，就不可能完整地理解"人"。无论他会是其他什么东西，人究其根本是社会和历史中的行动者，必须通过他与社会与历史结构间的密切的、错综复杂的联系来理解他。

当然，关于"心理学"和"社会科学"之间关系的争论是没完没了的。大多数争论形式上都努力把各种有关"个人"和"群体"的思想整合起来。毫无疑问，在某种意义上，它们对有些人是有用的；但幸运的是，当我们在此力图阐明社会科学的视野时，它们不必影响我们。无论心理学家如何限定他们自己的研究领域，经济学家、社会学家、政治学家、人类学家、历史学家，在他们对人类社会的研究中，都必须作出关于"人性"的假设。而现在这些假设通常落入"社会心理学"的学科界限之内。

由于心理学和历史学一样,对社会科学的研究具有如此根本性的影响,以致如果心理学家还没有涉及社会科学家所介入的问题,社会科学家们就会成为他们自己的心理学家,人们对"社会心理学"这一领域的兴趣也就会不断增长。作为社会科学家中一直最讲究形式的人,经济学家们已开始意识到,原有的享乐主义的且精于算计的"经济人",已不再能假设作为对经济制度之充分考察的心理学基础。在人类学领域萌发了对"人格与文化"的强烈兴趣;在社会学和心理学领域中,"社会心理学"都是一个目前很热门的领域。

作为对这些学术进展的反应,有些心理学家已经吸纳了大量"社会心理学"的研究,有些人以不同方式尝试重新定义心理学,企图在明显的社会因素之外还保留一片研究领域,还有人把他们的活动限定于对人类生理的研究。我不想在这里考察心理学这个目前非常零碎的领域的学术特殊性,更不想对这些特殊性作出评价。

有一种心理学反思的风格尚未被学院派心理学家所明确接受,但它已经对他们以及对我们整个的学术生活发生了影响。在精神分析中,尤其是在弗洛伊德本人的著作中,人性本质的问题在最广泛的方面得到陈述。总之,在上一代中,较不死板的精神分析学家和受他们影响的人取得了两大进步:

首先,他们超越了单个有机体的生理学,并开始研究那些发生可怕事件的家庭圈。可以说,弗洛伊德从一个出乎意料的观点——医学的观点中发现了在个人的双亲家庭中对个人进行分析。当然,人们当时已经注意到了家庭对人的"影响";创新的东西是,在弗洛伊德看来,家庭作为一种社会制度,对个人的内在性格和生活命运具有内在的作用。

其次,在精神分析的透视下,社会因素被大大地放大了,尤其是通过应称之为关于超我的社会学的研究。在美国,精神分析的传统由许多不同的来源组成,在乔治·H.米德的社会行为主义中,这一传统结出早期的花朵。但是此后就出现了局限与徘徊。人们目前已清楚地看到"人际关系"的小规模环境;但却没有廓清关系本身从而个人本身所处的更广泛的情境。当然,也有例外,较突出的是弗洛姆,他把经济制度和宗教制度联系起来,并探究它们对各种类型个人的意义。出现这种普遍的徘徊的一个原因是精神分析学家的社会角色受到限制:从职业来说,他的工作和他的视角是与单个病人连接在一块的;在他们的实践活动已被专门化的条件下,他较容易意识到的问题是有限的。可不幸的是,精神分析还没有成为学院研究中一个很稳定、统一的部分。[5]

弗洛伊德开始对选定类型的亲属制度进行精神分析,他做得非常漂亮,精神分析研究的下一步进展就是在其他制度领域全面地完成这项研究。完成它所需要的是把社会结构视为制度性秩序的组合,我们都要像弗洛伊德研究一定的亲属制度那样,从心理学角度对每个制度性秩序加以研究。在精神病学,即"人际"关系的实际治疗中,我们已经开始提出困扰人的核心的问题:即假设个人本质上需要规范和价值。但如果不密切参照社会现实,就不能理解人的天性,因而我们必须在这样的参照中分析人的天性。这种分析不仅包括在形形色色的人际环境中把个人当作生活历程的整体加以定位,而且还包括在(由这些环境所形成的)社会结构中定位这些环境。

五

在精神分析发展的基础之上,以及就整体而言的社会心理学中,我们现在有可能简略地陈述社会科学在心理学方面的关怀。在这里,经过最基本的概括,我只列出那些我认为是最有成果、最具灵感的命题,或至少是关于社会科学家的作用的合法假设。[6]

不参照贯穿于个人生活历程的各种制度,就不可能完整理解个人的生活。因为这个生活历程记载了他的角色获得、角色失落与角色调整,并且以一种个人化方式,记载了他的角色转换。一个人在某个家庭中是个孩子,在某个儿童群体中是个玩伴,是个学生、工人、领班、名流、母亲。人类生活的许多内容由在特定的制度中扮演的这些角色所组成。要想理解一个人的生活历程,我们就必须理解他已经及正在扮演的各个角色的重要性和意义;而要理解这些角色,我们又必须理解(这些角色所属的)各种制度。

但是,把人看作社会生物的观点可以使我们的研究大为深入,而不仅仅停留在作为一系列社会角色出现的外在的生活历程之上。这种观点要求我们理解人的最内在的和最"心理学"的方面:特别是他的自我形象,他的良知以及他心智的成长。近期心理学和社会科学最激进的发现,很可能是发现人有那么多最个人化的方面是在社会中形塑出来,甚至是由社会所灌输的。在腺体和神经系统的泛泛限制下,要理解恐惧、憎恶、爱恋和仇恨等等这些形形色色的情感,必须密切而持续地参照人们体验并表达这些情感时所处的社会生活历程和社会情境。在感觉器官的生理机制的泛泛限制下，我们对物理世界的感知，我们所辨别的颜色，所知道的气味，所听到的声音，也都是由社会形塑和规定的。人们行动的诱因，甚至不同类型的人对这些诱因一般所了解的程度不同，也都要根据某个社会中流行的有关动机的词汇以及这些词汇在社会中的变迁和混杂来理解。

　　仅仅根据环境，以及完全根据早期(婴儿和儿童时)生活所处的环境，是不可能理解个人的生活历程和品格的。完整的理解需要我们把握好这些个人化的环境与更宏观的结构框架间的相互作用，需要我们考虑到这个框架的变迁以及它对个人环境所造成的影响。当我们理解了社会结构和结构性变化会对更个人化的生活舞台和经历产生影响时，就能理解在具体环境下个人自己都不清楚的行为及感受的原因。对任何类型的人的完整观念的检验，不能依赖于这种类型的个人是否发现这一观念与他们的自我形象令人高兴地相吻合。由于他们生活在有限环境中，人们不知道也无法被期望知道造成他们所处境况的所有原因和自我的所有限制。真正能认识自身和自身的社会地位的人类群体确实罕见。而要作与之相反的假设，如同一些社会科学家所使用的方法常常作的假设，就是假设人们具备一定程度的理性的自我意识和自我认知，而这些即便是一名18世纪的心理学家都不一定具备。马克斯·韦伯的"新教徒"的思想，关于这种人的动机和他在宗教制度和经济制度中所发挥的作用的思想，让我们能够比这种人自己更深入地理解他：韦伯对结构思想的运用使他能超越"个人性的"对自身和他所处环境的认识。

　　早期经历的相关性，童年时代在成年人的性格心理中所占据的"分量",本身与不同社会中占据主流的童年时代和社会生活历程的类型有很密切的关系。例如,现在很容易看出,关于"父亲"在个性塑造中所发挥的作用,必须在一定家庭类型的限制下加以陈述,而且要考虑到这些家庭在其所属的社会结构中所占据的位置。

仅仅从一定系列的个人和他们对所处环境的反应的思想或事实中,是不可能构造出社会结构的思想的。试图在关于"个人"的心理学理论的基础上解释社会和历史事件的努力,往往是依赖于这样的假设,即社会不过是一大堆分散的个人,因而如果我们了解了所有这些"原子",就能用某种方式把这些信息相加,从而了解社会。这个假设不会有什么结果。事实上,根据把个人看作社会上孤立的生物体的心理学研究,我们甚至无法知道"个人"最基本的方面是什么。除了在抽象的模型构造中(当然这么做是有用处的),经济学家是不能假设经济人的;研究家庭生活的精神病学家(事实上,几乎所有的精神病学家都是该社会领域的专家)是不能假设那经典的俄狄浦斯人的。正是由于现在经济和政治角色间的结构性关联对于理解个人的经济行为时常具有决定性作用,因而自维多利亚父权时代以来,家庭中的角色,家庭作为一种制度在现代社会中所处的位置,也都发生了巨大的变化。

历史特殊性的原则适用于社会科学,同样也适用于心理学。甚至是那些人的内部生活中最个人化的方面,也要在把它们作为特定历史情境下出现的问题时,才能得到最好的阐述,要意识到这是个完全合乎情理的假设,你只需对在人类历史进程中展现而出的很多类型的男女众生反思片刻就行。心理学家,以及社会科学家,确实应该在完成阐述关于"人"是什么的主题之前,再好好地思量一下。

人的多样性是这样一个东西,以致没有哪个我们所知的"最基本的"心理学、"本能"理论和"基本的人性"的原则,能让我们解释极为多样的人的类型和各个个人。除了内在于人类生活的社会—历史现实之中的那些东西而外,我们可以断言的对于人的认识,只是人的广泛的生物性限制和人类这一物种的潜能。但在这些限制和激发出的潜能中,我们又要面对一幅人类类型的全景。如果试图根据"基本的人性"的理论来解释它,就是把人类历史本身局限于一个关于"人性"的概念的枯燥乏味的牢笼之中,这种概念往往得自于一些精确然而无意义的琐屑结论,譬如迷宫中的老鼠如何如何。

巴尔赞和格拉夫评述说:"金西博士的名著《人类男性的性行为》的标题明显体现出一个隐含假设,但在该例中,这个假设又是错误的:这本书不是关于人类男性的,而是关于20世纪中期的美国男人的……人性的思想是社会科学中的一个假设,而如果说这一思想形成了对它的报道的主题,则是故意回避根本性的问题。也许只有'人类文化'这一变动不居的东西存在。"[7]

对人作为人来说,有某些普遍的"人性"存在的思想违背了社会和历史的特殊性,而在人类研究的审慎工作中,则需要考虑这种特殊性;至少,它是社会科学的学者没有权力去做的抽象。当然,我们应该时常记起,事实上,我们对人并不知道多少,在我们拥有的知识中,我们也还没有完全除去环绕在人的多样性周围的在历史学和传记中暴露出的神秘因素。有时,我们也确实甘居这种神秘之中,感到自己终于完成了其中一部分，而且可能也应该如此；但作为一个西方人，我们也不可避免地要研究人的多样性，对我们来说，这意味着从我们的观点中去掉这些神秘因素。在这么做时，让我们不要忘记我们正在研究什么东西，以及我们对人、对历史、对个人生活历程，对社会（在其中我们是被创造物，同时也是创造者）的了解是多么少。

注释

1 Jacques Barzun and Henry Graff, *The Modern Researcher,* NewYork，Harcourt, Brace, 1957, p. 221.

2 Morris Ginsberg, *Essays in Sociology and Social Philosophy,* Vol. ll, 39, London, Heinemann，1956.

3 参看Muhsin Mahdi, *Ibn Khaldoun's Philosophy of History*, London, George Allen & Unwin, 1957; 以及*Historical Essays,* London, Macmillan，1957, H. R. Trevor-Roper在书中作了富有启发性的评论。

4 例如，在瓦尔特·盖伦森（Walter Galenson）一篇非常不错的劳工史类型的报告中，我注意到了支持性的推理："……在新的重要材料……缺乏时……继续挖掘旧有领域的边际收益将会很小。但这不是把注意力集中于更切近的事件上的惟一正当理由。当代劳工运动在数量与质量上都与三十年前不同。30年代之前，它的特点是宗派性的；它的决策不是主要的经济因素，它更关注狭隘的内部问题，而不是民族政策。"（'Reflections on the Writing of Labor History' *Industrial and labor Relations Review*, Octobet, 1957）当然，与人类学相关的是，"功能"与"历史"解释间的争论长期以来一直存在。那些坚持功能解释立场的人类学家之所以如此，更多情况下是因为他们搞不清与自己所考察的"文化"的历史有关的任何东西。他们确实必须努力用现在来解释现在，在某个社会众多当代特征间有意义的相互关系中寻找解释。对于最近有洞察力的讨论，请参看厄内斯特·盖尔纳（Ernest

Gellner），'Time and Theory in Anthropology', *Mind,* April 1958。

5 造成把"人际关系"神圣化趋势的另一个主要原因是"文化"这个词很不确定，而且也有其局限，考虑到人们已认识到并宣称在人的深层状态中存在许多社会性因素。与社会结构对比，"文化"的概念是社会科学中最不确定的词语，尽管可能由于这个原因，在某个专家手中，它会非常有用。在实践中，"文化"的观念更多的是泛泛涉及社会环境外加"传统"，而不是完整的社会结构的思想。

6 关于在此表述的观点的详细讨论，请参见Gerth and Mills, *Character and Social Structure*, New York, Harcourt Brace, 1953。

7 Barzun and Graff, *The Modern Researcher,* New York, Harcourt, Brace, 1957, pp. 222–3.

第九章　论理性和自由

社会科学家关注历史的顶点是他逐渐地把握了他所生活的时代的思想；社会科学家关注个人生活历程的顶点是他开始理解了人的基本天性，以及历史发展过程对人之改造所设的限制。

所有经典的社会科学家都关注他们所生存时代的显著特征，以及历史如何在这一特定时代中构建出来；也都关注"人性的本质"以及在他们的时代哪些类型的个人开始盛行，马克思、桑巴特、韦伯、孔德、斯宾塞、涂尔干、凡勃伦、曼海姆、熊彼特和米歇尔斯，每个人都以自己特有的方式去面对这些问题，而晚近的许多社会科学家却并非如此。不过，现在有一点是明确的，即在20世纪下半叶，这些关注成为紧迫的论题，持续的困扰，并左右了人类研究中的文化取向。

一

现在，每个地方的人都在寻求了解他们身居何处，他们又将何去何从，以及对创造历史并对未来承担责任，他们能有何作为。这样的问题，没人能够给出一劳永逸的答案。每个时代都有它自己的答案。但是现在，对我们来说，却出现了困难。我们正处于一个时代的尾声，我们必须找出我们自己的答案。

166   我们正处于一个所谓"现代"的尾声。正如"古代"是由几个世纪的"东方优越时代"所承继（西方人狭隘地称之为"黑暗年代"）；目前的"现代"也正在被一个后现代时期所接替，我们也许可称之为"第四纪元"。

  可以肯定地讲，一个时代的结束和另一个时代的开始只是一个如何"定义"的问题。但是如同所有社会性的东西，定义在不同的历史阶段也有其特殊性。现在，我们关于社会和自我的基本定义正在为新的现实所推翻。我指的不仅是人们以前从未在一代人之间如此彻底地面对如此日新月异、翻天覆地的变化；也不仅是我们感到自己正处于一个转折的年代，在力争抓住我们设想自己就要进入的新时代的概貌。我指的是，当我们力图给自己定位——如果我们确实如此做了——会发现有太多旧有的期待与幻象受着历史的束缚，有太多既帮助解释我们周围一切事情，又让我们困惑的思想与感情的标准范畴，原来是渊源于从中世纪到现代的巨大历史转变之中，当它们归纳出来用于今天，则变得有点笨拙，不合时宜，难以让人信服。我所指的还包括，我们主要的取向，即自由主义与社会主义，已在实际上趋于没落，不能完整地解释社会及我们自身。

  自由主义与社会主义这两种意识形态都来源于启蒙运动，并有很多共同的假定与价值。两者都把合理性的增进确认为自由增进的首要条件。理性推动进步的解放的观念，对科学乃是纯粹的美好事物的信念，对大众教育的需求和对大众教育之于民主的政治含义的信心，所有这些启蒙时代的理念都植根于自由与理性具有内在联系的乐观假设。那些对我们的思维方式影响很大的思想家们也正是在这一假设下积累他们的研究。这一假设存在于弗洛伊德各个研究阶段及其间的微妙差别中：要获得自由，个体必须在理智上更加清醒；精神治疗可促使理性自由地作用于个体生活。同样的假设也构成了马克思主义者著作的主线：处于非理性的生产无政府状态中的人们，必须清醒地认识到他们在社会中的地位，他们必须成为具有"阶级意识"的人，这种马克思式的观念与边沁所提出的术语一样，都是理性主义者的论调。

自由主义一直视自由与理性为有关个人的至尊之事，马克思主义则认为在个人通过政治构建历史并于其中扮演一定角色的过程中，自由与理性是至高无上之事。现时代的自由主义者和激进主义者一般都相信：自由的个人以理性构建历史，以理性规划自己的生活历程。

但我则相信，当今世界正在发生的事却表现出如下情况：为什么在新的资本主义社会和共产主义社会中，自由与理性的思想往往显得那么模糊不清；为什么马克思主义如此经常地成为对官僚制滥用职权进行保护的乏味修饰物，而自由主义则成为掩盖社会真相的无关痛痒的手段。我相信，根据自由主义或马克思主义对政治和文化的解释，我们不能正确理解我们所生活时代的发展主流。这些思想产生于对目前已不存在的社会的反思。J. S. 穆勒从未考察过当代资本主义世界新出现的政治经济体系，马克思从未分析过目前在共产主义阵营中出现的新型社会。而且他们两人也从未深入地思考过所谓的不发达国家中出现的问题，在这些国家，十个人中倒有七个要为生存而挣扎。现在，我们面对着新型的社会结构，这种社会结构拒斥根据传统的自由主义者和社会主义者的术语对之进行的分析。

从现代生发而来的第四纪元的意识形态的标志,是自由与理性的观念变得不那么确定了,是理性的增进并不必然伴随自由的增进了。

二

理性在人类事务中发挥作用,自由的个人是理性之载体的观念,是20世纪的社会科学家从启蒙时代哲学家中继承的最重要的思想主题。如果他们想通过限定难题,归拢论题的方式来保存这些核心的价值,那么在当代,必须把理性与自由的理想作为问题重新表述,并要比昔日的思想家和探索者们所采取的方式更为精确,更为可行。因为在我们的时代,理性与自由这两种价值处于显见而又微妙的危险之中。

基本的趋势大家都认识到了。庞大的理性组织(简言之,科层体制)确实增多了。但是就整体而言,个人的实质理性却没有增加。局限于日常生活的有限社会环境,普通人通常不能理智地了解庞大的结构,那些合乎理性与不合理性的结构,而他们的生活情境是这些结构的附属部分。从而,他们常常是执行一系列貌似合理的行动,可却不知这些行动是为了何种目的,并且,人们也越来越怀疑那些身居高位的人,比如托尔斯泰笔下的将军们,只是假装他们知道。随着劳动分工的不断深化,这样的组织也在增长,因而人们生活、工作和休闲的圈子越来越多。在这些圈子中,很难实现或者说无法实现理性的推理。例如,士兵可以"一毫不差地执行功能合理的一系列行动,却对这些行动的最终目的或每一行为的功能一无所知"。[1]甚至那些技术上智力超群的人也可能可以高效地完成指定的工作,但却不知他们工作的后果是诞生第一颗原子弹。

事实表明,科学不是一种"技术基督再临人世"(a technological Second Coming)。给予科学方法和科学理性在社会中的中心地位,并不意味着人们可以生活于理性之中,而不再有神话、欺诈和迷信。教育的普及或许却会产生技术白痴和民族主义者的狭隘心理,而不是开启心智,独立思考。向大众广泛输导历史文化或许并不能提高他们文化理解的品位,反而会使历史文化庸俗化,并强烈压抑了人们的创新力。即使科层结构的合理性和技术水平达到较高的程度,也并不意味着个人或社会的智力水平就高。由前者导不出后者,因为社会的、科技的或科层系统的合理性不只是所有个人运用理性的意志和能力的总和。事实上,获取这种意志和能力的机会,却似乎往往被这种合理性所扼杀。对于个人与社会,本着合理性原则组织起来的社会秩序并不一定是增进自由的手段。实际上,它们往往用于暴政与弄权,用于剥夺个体理性思考的机会与作为自由人行动的能力。

只有在理性化结构中的少数几个领导职位,有时可能就是特权位置,我们才可能较容易地理解在整体中发挥作用的结构性的力量,这种力量影响了普通人所能把握的整体中的有限部分。

形成这些社会环境的力量并不源于其内部,也不由置身其中的人所控制。进一步说,这些社会环境自身也在不断地合理化。家庭和工厂、休息和工作、邻里与国家——它们都趋于变为具有功能合理性的整体中的一部分,或者说,受制于不可控的非理性力量。

有些人身上体现了如下现象:在社会中,合理化的不断增长,合理性与理性之间出现矛盾,理性与自由之间假设的和谐一致正在丧失；这些人具有合理性但却没有理性,在不断地自我合理化,可同时也越来越焦虑不安。以这种类型的人观之,当代自由问题可以得到最好的陈述。但人们还没有将这些趋势和疑虑明确表达为问题,当然也没有广泛承认它们为论题或感到它们是一堆困扰。事实上,当代自由与理性问题的最重要方面,就是人们还没有认清自由与理性问题的实质,并将其明确地表述出来。

三

从个人角度来说,许多事情似乎是由弄权、管理和盲目流动所造成,权威往往是隐而不显的,那些有权势的人通常认为没有必要显示权力并证明其正当性。这可作为一个原因来解释为什么当普通人处于困境或感到他们要应对难题时,找不到思考和行动的明确目标,他们不能确定是什么东西危及到他们模糊感到属于他们自己的价值。

在理性化潮流不断推进的作用下,个人"要尽其所能"。他让自己的渴望及工作屈就于环境,却又找不到摆脱他所处环境的道路,他注定找不到：他只能适应。利用工作以外的余留生命,他玩乐、消费、"享受快乐"。但就是这个消费领域也正在被理性化。他不仅与产品和工作异化,他还与消费、与本原意义上的休闲异化了。个人的这种适应,以及它对环境和他自身的作用不仅使他丧失机会,也必然使他丧失运用理性的能力与意志；同时还影响到他作为一个自由人行动的机会和能力。真的,无论是自由的价值还是理性的价值,他似乎都不明了。

即使在这样的环境下生存、工作、娱乐了相当一段时间,这种自我调适的人也未必就是愚昧无知的。卡尔·曼海姆已经清楚地阐明这样一个观点，即以"自我理性化"来形容身陷于庞大的理性组织中一个有限部分的个人，是如何有步骤有系统地控制自己的冲动与渴望、生活方式与思维方式，并与"组织的规则和条例"保持高度的一致。因而理性组织是一个使人异化的组织：指引行为和思考因而也包括情绪的原则，并非出于新教徒的个人良知，也不是出于笛卡尔主义者的独立理性。事实上，这些指导原则与历史上人们所理解为个性的那些东西性质不同且互有矛盾。如下说法并不过分，即在发展至极端的情形下，随着合理性的增加，随着它的中心和控制点由个人转移到大规模的组织，大多数人运用理性的机会将被扼杀，所以将出现不依托理性的合理性。这种合理性与自由格格不入，反而是自由的毁灭者。

毫无疑问，个性的理想已遭人们悬疑：在我们的时代，成为论题正是人的天性，以及我们怀有的对人作为人所具有的种种限制与可能的意象。历史尚未探索完"人性"的限制与涵义。我们不清楚从"现代"到"当代"，人在心理上的转变有多深刻。但我们现在必须以终极的形式提出这样一个问题：在当代人中，所谓的"快乐的机器人"会逐渐流行甚至兴盛于世吗？

当然，我们知道，借助化学和精神治疗，通过稳定压力和控制环境，可以把人变为一个机器人；或者在未经计划的环境中，无规律的压力也可以把人变为机器人。但他能心甘情愿地成为欢乐的机器人吗？在这样的条件下，他会幸福吗？如果幸福，那么这种幸福的涵义与品质又是什么？继续根据人性的形而上学的观点，单纯地假设在人作为人的深层本质中，存在着对自由的渴望和理性的意志已没有多少意义。现在，我们必须要问：是人性中的什么东西，是当前人类处境中的什么东西，是在不同社会结构中存在的什么东西，使快乐的机器人渐趋流行？又有什么东西来抗拒这一潮流？

异化的人的出现，它出现的背后所隐藏的全部主题影响了当前整个严肃的学术生活，并导致了学者的心神不安。它是当代人类处境的主要问题，所有研究都可以之为名。我知道在古典传统中，没有如此深刻的思想、论题与问题，因而也没有如此深入地卷进当代社会科学可能的缺失。

马克思在他早期论述"异化"的文章中天才地洞察到这一问题，在与之齐名的论述"大都市"的文章中，齐美尔主要关注的也是它；G. 瓦尔拉斯在其论述"伟大社会"的著作中清醒地看到这一问题。它还隐含于弗洛姆的"机械人"的概念中。人们担心这种类型的人会渐占优势，出于这种担心，近期学术界更多地运用经典的社会学概念比如"身份与契约"、"社区与社会"。这个问题也是里斯曼的"他人导向的"和怀特的"社会伦理"的思想的核心内涵。当然了，最为人所知的是，G. 奥威尔的《1984》一书的中心思想就是异化的人的获胜。

从积极的方面看，一个现在很怀旧的方面，弗洛伊德的"本我"，马克思的"自由"，G. 米德的"主我"，K·霍妮的"自发性"等概念的更一般意义，在于运用这些概念来反对异化的人获胜。他们企图在人作为人的涵义中发现一个核心，此核心能让他们相信，人最终不可能被制造为，也不可能变为一种异化的生物，与自然与社会与其自身异化。人们想竭力确保能排除这种人出现可能性的各种条件，呼唤"社区"正是这样一种努力，但我以为它并不是很有效。有很多人本主义思想家逐渐相信许多精神病专家以其本身实践创造了异化了的、自我合理化的人，所以他们拒绝做这种适应性努力。在此现象背后，尤其是在研究人类的严肃且明智的学者的传统已有且现代亦存的忧虑与沉思背后，存在一个简单明确的事实：异化的人是西方人关于自由的人的意象的对立面。这种人，这种快乐的机器人充斥其间的社会是自由社会的对立面，或者用更为明确的词语，是"民主"社会的对立面。这种人的出现导致自由成为社会科学家的困扰、论题和严重问题，我们的确期望他们能如此。就困扰而言，个人不明了它的价值和表达措辞，为此他焦虑不安，这种困扰被称为"异化"。就公众论题而言，人们很少关心它的价值和表达措辞，但无论作为事实还是人们之所期望，它正是民主社会的论题。

正因为这个问题与困扰尚未被广泛地认识到，所以它们实际上并未作为明显的论题与困扰而存在，因而那些体现了这些困扰与论题的焦虑或漠然，其涵义与效果是非常深刻且广泛的。从自由问题的政治背景来看，这个现象是当前自由问题的主要部分，是给当代的社会科学家阐释自由问题所提出的主要的学术挑战。

声称自由与理性的价值存在于困扰的消失，存在于对异化和心神不安的焦虑感觉中，这种说法并不仅仅是悖谬的；类似地，当前对自由与理性构成威胁之物造成的最典型后果是：首先，没有明确的论题，人们对自由与理性的论题并没有给出明确的定义，反而对之漠不关心。

这些问题与困扰之所以未被阐明，是因为阐明它们所必需的基本能力与品质正是受到威胁并渐趋退化的自由与理性。在我这本书所批判的社会科学中，这些困扰与论题未被严肃地阐明为问题。可是在相当程度上，经典的社会科学承诺它们可以被阐明为问题。

四

我们当然不可能把理性与自由的危机所引发的困扰与论题表述为一个宏观的问题,但我们若将其当作一系列小规模的论题或是局限在零散环境中的一系列困扰,用微观的方法来处理它们,那么我们就不可能真正面对它们,更不要说解决了。它们是结构性的问题,要阐述它们,我们必须使用人类演化进程和纪元历史的经典术语。只有通过这些术语,我们才能搜寻到形成今天这些价值的结构与环境的联系点,并进行因果分析。社会科学的承诺在于重新阐述并澄清个性的危机与构建历史的危机,以及在自由的个人生活和构建历史的过程中理性所发挥的作用。

社会科学的道德与政治承诺是自由与理性仍将是人们珍视的价值,人们将坚持严肃并充满想象力地运用它们来阐明问题。这也是含义宽泛的所谓"西方文化"的政治承诺。在社会科学领域,当代的政治危机与学术危机彼此交织,两方面的严肃工作互相渗透。经典的自由主义与社会主义的政治传统共同穷尽了我们主要的政治传统。这些意识形态传统的衰微一定是与在人类事务中理性及自由的个性退化有关。当代任何对自由主义者和社会主义者的政治目标的重新表达都必须以下述社会作为中心思想,在此社会中,所有人都成为具有实质理性的人,他们独立的理性将对他们置身的社会、对历史和他们自身的命运产生结构性的影响力。

社会科学家对社会结构的兴趣并非出于未来是由结构所决定的观点。通过研究人类决策所受的结构上限制,我们想找到有效的介入点,以了解在构建历史的过程中,如果明确的决策增加影响力,什么可以以及什么必须被结构所转换。我们对历史的兴趣也并非由于认为未来是必然的,未来是由过去决定的。人们原来居处的社会并没有对可以创造的未来的社会设下严格绝对的限制。我们研究历史的目标是想发现一个替代性的社会,在这样的社会里,人们能运用理性与自由来构建历史。简言之,我们研究历史上社会结构的目的是为了在其中找出控制这些社会结构的手段。因为只有如此,我们才能逐渐地理解人类自由的限制及其涵义。

自由不仅仅是有机会依自己喜好行事,也不仅仅是有机会在给定的两者中作出选择。自由首先是阐明实际可行的选择并对之进行辩论,然后再作出选择的机会。所以,自由不能脱离在人类事务中发挥越来越大作用的理性而存在。在个人生活历程和社会历史中,理性所承担的社会任务是阐明各种选择,拓展在构建历史过程中人类决策可影响的范围。人类事务的未来并不只是一套可被预测的变量。未来一定是在历史可能性的限制下,由人类来决定的。但这种可能性不是固定的,在我们的时代,这些限制确实显得非常粗泛。

除此而外,自由的问题是:那些关于未来人类事务的决策是如何作出的,又是由谁作出的? 从组织角度讲,它是公平的决策机制的问题。从道德角度讲,它是政治责任的问题。从学术角度讲,它是人类事务的可能前途是什么的问题。但是当代自由的更主要方面不仅涉及历史和结构为明确的决策改变历史所提供的机会,而且它们还涉及人的天性和如下事实:即自由的价值不能基于"人的基本的天性"。自由问题的终极是快乐的机器人的问题,现在之所以以此方式提出这个问题是因为现在我们都已明白：**并非所有人都**自然而然地**企求**自由的，也不是所有人都愿意尽全力或能够尽全力获得自由所必需的理性的。

在何种条件下人们会**企求**自由并能够自由地行动？在何种条件下他们愿意并能够承担自由所赋予的责任，并将这些责任不怎么视为负担而是他们乐意接受的自我改造？从反面来说：人们会变得想成为"快乐"的机器人吗？

在我们的时代，难道我们必须不去面对这种可能性：作为社会事实，人类心智的品质和文化品位也许正在衰退，而许多人由于沉溺于新巧技术的堆积中，竟没有注意到这个现象？难道这不意味着没有理性的合理性？不意味着人的异化？不意味着理性在人类事务中并没有自由发挥作用？新巧技术堆积的背后意义是：使用这些仪器的人并不了解它们，而发明这些仪器的人对其他东西所知甚少。因而，大致而言我们不能将技术的昌盛作为人类品质和文化进步的标志。

要把问题表述清楚，我们需要阐明它所包含的价值和这些价值所受到的威胁。因为，正是这些对人们所珍视价值——比如自由和理性——的威胁，才是一切对社会的有意义探讨所必需的道德主旨，同时也是大众问题和私人困扰的道德主旨。

"具文艺复兴精神的人"，这一理念较为贴切地体现了个性的文化问题所蕴含的价值，对这一理念构成威胁的是在我们之中开始渐为流行的"快乐的机器人"。

创造历史这一政治问题所蕴含的价值，由普罗米修斯式的人类创造历史的理念得以体现。威胁这种理念的东西是双重的:一方面,人们也许并没有去创造历史,也许放弃了这种自愿的努力,从而仅仅是随波逐流而已;另一方面,历史也许的确被创造了,但却是少数的精英群体所为,可是对那些必须要在这些精英所做的决定及其后果中谋求生路的人们,他们却不承担实质性的责任。

对于我们时代中人们对政治不负责任这一问题,以及快乐的机器人所蕴含的文化和政治问题,我不知道答案是什么。但是,难道这一点还不显然:人们至少要在面对这些问题之后,才可能寻找出答案? 难道这一点还不显然:比其他人更应该面对这些问题的人是丰裕社会中的社会科学家们? 可是他们中很多人却并非如此,这当然是当代权贵所造成的我们时代最大的人文阙遗。

注释

1 参见曼海姆(Mannheim)的《人与社会》(*Man and society*); New York, Harcourt, Brace, 1940, p. 54。

第十章　论政治

社会科学研究者没有理由让所处环境中的"偶然事件"决定研究的政治意义,让其他人的意图决定研究的应用。社会科学家有权利根据自己的方针讨论研究的意义并决定研究的用途。尽管大都未经检验,但他们能够在很大的程度上影响甚至决定这些政策。诸如此类的决定,如同对理论、方法、事实的选择一样,要求他们能作出精确的判断。作为政策问题,这些判断正是个体学者及其同行关心的内容。然而,不明言的道德和政治判断比对个人和专业政策的明确讨论有更为深远的影响力,难道这不是很明显吗?只有将这些影响转变为经过辩论的政策,人们才能充分地意识到它们,从而有意识地控制它们对社会科学研究及其政治意义所产生的影响。

任何一个社会科学家都难以回避对价值的选择及其在研究中的整体运用。类似论题和困扰这一类有关为人们预期的价值受到威胁的问题,如果不承认这些价值,就无法阐释清楚。研究以及社会科学家日益服务于科层制的或意识形态的目的。那么,有鉴于此,作为个人和专业人员,人和社会的研究者就面临这样一个问题:他们是否明了自己所从事研究的用途和价值,它们是否处于他们控制之下,或者他们是否曾想要控制它们。对这些问题如何回答还是无法回答,以及在研究和专业生活中如何应用还是对之不知所措,决定了他们对这个问题的最后答案:在作为社会科学家从事研究的过程中,他们是否(A)在道德上是独立自主的,(B)受制于其他人的道德规范,或者(C)道德上是随波逐流的。伴随这些问题的主题词已不再合适,尽管我确信人们提出它们往往是出于好意。社会科学家目前必须面对这些几乎无法逃避的质疑。在这一章中,我会提出一些或许对回答这些质疑有用的内容,也提出我在最近几年得出的、自认为合乎情理的解答。

一

社会科学研究者并非突然之间面对价值选择的需要。他已经是在某一价值基础上进行研究了。这些学科目前所包含的价值是在源自西方社会的价值之中选择的;而在其他地方,社会科学则只是舶来品。当然,有些人说起话来,似乎他们选择的价值"超越"了西方或其他社会;另外一些人谈起他们的标准,则似乎是"内在"于现存的社会,还是一种有待实现的潜在因素。但毫无疑问,人们现在一致认为社会科学中传承的价值既非超越的,又非内在的。它们只是由许多人宣称、在一些小圈子中有限践行的价值。人们称之为道德判断的,不过是他希望将自己选择的那些价值普遍化,并且与他人分享。

我认为有三种主导的政治思想渊源于社会科学的传统,并且也毫无疑问地包含于其前景之中。首先是事实的价值。社会科学由于对事实的重大影响而具有政治意义。在一个胡言流播的世界里,对事实的任何陈述都带有政治和道德色彩。所有的社会科学家也由于他们的存在,而卷入了启蒙与愚昧之间的漩涡。在我们所处的这样一个世界中从事社会科学,首先就要秉持事实的原则。

但事实原则并非对所有指导社会科学的价值的充分陈述。从其所处的社会背景看，我们的研究结果的真相、调查的精确性与人类事务之间的相关性还晦涩不明。是否相关，以及如何相关，这本身就是第二位的价值，简要地说，即理性在人类事务中所扮角色的价值。相应的，第三个价值就是：人类的自由，不论其意义多么暧昧。我已经讨论过，自由和理性是西方世界文明的核心；两者都被轻易地当作理想。但它们在应用时，无论是作为标准还是目标，都导致许多争议。这就是为什么作为社会科学家，阐释自由和理性的理想乃是我们的一项学术职责。

如果说人类的理性能够在历史的创造中扮演更重要、更明确的角色，那么社会科学家必然是它的主要推动者之一。因为，他们的研究代表了理性在理解人类事务中的应用；这就是他们正在做的。如果他们想按照自己自觉选定的方式研究，进而采取行动，那么首先必须使自己深入学术生活和这一时代的社会历史结构。他们必须将自己定位于学术领域；相应地，他们必须把这些领域与历史社会的结构相联系。这里还不是讨论它的地方。在此，我只想对社会科学家作为理性人所自我期许的三种政治角色，作一简要区分。

许多社会科学家，大概尤其要算社会学家，都有哲学王的主题。人们发现，从孔德到曼海姆都渴望赋予"掌握知识的人"更大的权利，并且试图证明其正当性。用更具体的方式来说，理性的启蒙自然就是"理性人"的启蒙。这一理性在人类事务中扮演角色的思想，很大程度上促使社会科学家普遍将理性接受为一种社会价值。当与权力的事实放在一起考虑时,他们希望避免这一思想的愚昧之处。这一思想也与许多民主制版本相抵触,因为它包含了贵族统治,即使是由天赋而非血缘和财富决定的贵族统治。但成为哲学王这一相当荒谬的思想,仅仅是社会科学家或许会尝试扮演公共角色的思想的其中之一而已。

政治水准在很大程度上依赖于参与者的学识,如果"哲学"王真的存在,我就要离开他的王国;但如果国王们不带有任何"哲学味儿"时,难道他们真不能负责地统治国家吗?

其二,目前最通行的角色,就是成为国王的幕僚。我已描述过的科层中的应用与它相似。个体社会学家卷入现代社会的诸多潮流,使得个体成为功能合理性的科层制的一部分,蜷入专业化的逼仄空间,对后现代社会的结构并不明确关注。在此角色中,社会科学往往变成功能理性的机器;而个体社会科学家则丧失道德自主性与本质的合理性,理性在人类事务中扮演的角色,仅仅成为针对管理和控制的目的而提炼成的技巧。

不过这只是作为国王幕僚这一角色的最糟糕的形式之一,我相信这一角色不会采用科层制风格的外形和内涵。若要保持道德和学术的协调,从而自由地从事社会科学的研究,那么履行这一角色无疑是困难的。幕僚们很容易把自己想象为哲学家,把君主看作是开明的,但即便他们是哲学家,君主却未必是开明君主。这就是为什么某些顾问对并不开明的暴君依然效忠使我深受震撼的一个原因。独裁者的无能和教条愚昧,似乎都不会使这种效忠消减。

我没有说幕僚的角色一定难以很好地履行,事实上,它完全有可能,并且正有人这么做。如果这类人更多,履行第三个角色的社会学家担负的政治和学术职责就会大大减轻,因为这两种角色之间互有重合。

社会科学家企图认识理性及其在人类事务中扮演角色的第三种方式也是广为人知的,甚至某些时候已得到应用。这第三种方式就是社会科学家在做自己研究、选择自己的问题时保持独立性,不过其研究要面向国王和"公众"。这种思想促使我们将社会科学想象为一种公共的智力工具,关注公共论题、私人困扰以及潜存于二者之下的时代的结构性趋势,将个体社会科学家想象为我们称之为社会科学的自控社团中的理性成员。

选择了这个角色——稍后我会更充分地解释它——就要努力按理性价值**行动**;在假定我们还不是百无一用时,我们也在假定一种创造历史的理论:我们在假设"人"是自由的,通过合理的活动,能够影响历史进程。现在,我并不急于就自由和理性的**价值**进行辩论,只是想讨论根据什么历史理论,可以实现这些价值。

二

人类有创造历史的自由,但某些人拥有的自由要比别人大得多。这种自由要求人们掌握也许目前正创造历史的权力与决策手段。历史并不总是如此创造的;下面,我将只讨论在当代,创造历史的权力手段变得如此巨大和集中。通过参照这个时代,我才会认为如果人类不主动创造历史,他们就将日益成为历史创造者的工具,只能成为历史变革的对象。

明确的决策在创造历史中扮演多大的角色,这本身就是一个历史问题。它在很大程度上依赖于社会在一定时间里能够获得的权力工具。在一些社会中,无数人的无数活动改变了他们的处境,从而逐渐改变了结构本身。这些改变构成历史演进的过程;历史是个漂流物,尽管在总体上"人类创造了历史"。于是,无数企业家和消费者通过一分钟成千上万次的决定,有可能构成和重构自由市场经济。或许这就是马克思在写作《路易·波拿巴的雾月十八日》时所思考的最重要的限制:人类创造着自己的历史,但并不是按照自己的意愿去创造的;并且也不是在由他们自己所选择的环境中创造的……

命运或"必然性"和不受任何圈子或组织操纵的历史事件是密切相关的,这些圈子或组织具有三个特征:(1)足够紧密,从而可以被确认;(2)拥有足够多的权力,决策能够产生一定后果;(3)地位高到能够预测这些结果,所以应当对此负责。根据这一定义,事件就是许多人做出大量决策的总和及其难以预料的结果。单个这样的决策对于结果而言都是微小的,要受到其他类似决策的支持或否定。单个人的意愿与无数决定的汇总结果之间,没有任何联系。事件超越了人类的决策:历史是在人们背后创造的。

所以可以认为,命运并非一件普遍的事实;并不内在于历史本质或人性之中。命运是历史上一定类型社会结构的体现。如果某个社会终极的武器是来复枪,最典型的经济单位是家庭农场和小型商店,民族国家尚不存在或仅是遥远的框架,交流只能通过口头、传单、讲坛来进行,那么在此社会中,历史的确就是命运。

但是,想一想现在我们生存环境的主要线索:简言之,它不就是所有权力和决策手段,即所有创造历史的手段的巨大扩张和确定无疑的集中吗?在现代工业社会,当农民和工匠被私人公司和政府工业取代时,经济生产设备也得到发展并集中化了。在现代民族国家,当国王控制的贵族和自备武器的骑士被常备军、现在则是恐怖的军事机器取代时,暴力和行政管理的工具也有着类似的发展。在美国和苏联,目前最有戏剧性地出现了经济、政治以及暴力三者在**后现代**发展的顶峰。在我们的时代,创造历史的国际和国家手段都集中化了。于是,难道这还不清楚,目前,有意识的人类机构在创造历史的过程中,能够达到的范围和获得的机会,都是独一无二的。掌握这些手段的精英们目前确实在创造历史,但却是"在并非由他们所选择的环境中"创造;不过,与其他人和别的世纪比较起来,这些环境本身当然不是无法抗拒的。

这确实是我们切身处境中似是而非的矛盾说法:创造历史的新方式标志着人类不必再处于命运的掌握之中,人类现在可以创造历史。但是,这一事实由于更深入的事实的出现,即那些给人们以创造历史希望的意识形态已在西方社会中式微,并且正处于崩溃之中,而具有讽刺意味。这一崩溃也导致启蒙运动的期望,即理性和自由会在人类历史上以至高无上之力大行其道的期望的崩溃。而这一现象背后,是学术共同体学术和政治上的疏失。

到哪里去找能够将西方世界中大论述继续下去的知识分子呢?**而且**,作为知识分子,谁的著作在政党和公众中具重大影响,并与我们这个时代的重大决策息息相关呢?哪些媒体能对这样的知识分子开放呢？在那些掌握着两党制政府和残忍的军事机器的人中，有谁关心世界上知识、理性和情感的变化呢？为什么自由知识分子被如此排斥于权力的决策之外？为什么在目前的当权者中，存在着普遍的、严重的不负责任的无知？

在今日的美国，知识分子、艺术家、牧师、学者和科学家正在进行一场冷战，在冷战中，他们重述官员们的混乱，并使之更加复杂。他们既不要求当权者采取其他政策，也不对公众阐述这些政策。他们并不尝试为美国政治纳入有责任感的内容；而是清空政治并保持这种空洞状态。国家主义的科学机器对科学家们的控制，与我们必须称之为基督徒的失职一样，都是令人遗憾的道德处境。已成常规的新闻业的谎言也是其中的一部分；当然它还包括混充社会科学的夸张的琐事。

三

我不指望（眼下的讨论作为整体也不需要）这一观点得到所有社会科学家的承认。此处我最想说的就是，一旦接受了理性和自由的价值，确定自由的局限以及理性在历史中扮演角色的局限就成为任何社会科学家首要的职责。

在接受第三个角色时，社会科学家并不把自己看作"超然于社会"的某种自主的存在。与大多数普通人一样，他**的确**感到自己置身于这个时代创造历史的主要决策之外；同时，他知道自己也是承受这些决策所造成的诸多后果的人群中的一员。这就是为什么他一旦意识到自己在做什么后，就会成为一个政治上明确的人的主要原因。没有人可以"置身社会之外"；问题是每个人在社会中身居何处。

社会科学家通常生活于阶级、地位和权力皆为中等的环境之中。由于他在这些环境中活动，他在解决结构问题时所处的地位往往不比普通人更优越，因为这些问题的解答绝不可能仅仅是学术的或仅仅是私人的。对它们的合适阐述，不能局限在社会科学家意愿所及的环境之中；同样，它们的解决方案也不能局限于此，当然这意味着它们是关于社会、政治和经济权力的问题。然而，社会科学家不仅是一名"普通人"。正是他的学术职责要使他超越自己生活其中的环境，当他思考19世纪英国的经济秩序或20世纪美国的身份等级、罗马帝国的军事制度或苏联的政治结构时，他做到了这一点。

　　如果接受了自由与理性的价值，他的研究主题便涉及处于给定社会类型中的给定类型的人，作为个人可以获得自由和理性的客观机遇。另外一个主题则涉及——如果可能的话——什么样的机遇可以使不同类型社会中处于不同地位的人，借助自己的理性和经验超越他们日常生活的环境，这是其一；其二，凭借他们所掌握的权力采取行动，从而对其所处的社会结构和所处时代产生影响。这些都是与理性在历史中扮演角色有关的问题。

　　经过思考，我们很容易发现，在现代社会中，有些人拥有使自己行动具有很大结构重要性的权力，并且十分清楚他们行动的结果；有些人则虽拥有这样的权力，却并不清楚其权力的影响范围；更有许多人即便对结构有清醒的认知，却不能超越其日常生活的环境，或通过采取可行的行动影响结构变化。

　　于是，作为社会科学家，我们要给自己定位。按照工作性质,我们对于社会结构,并且在一定程度上对推动其运动的历史机制有所理解。但很明显,我们还无法掌握目前可以借之影响历史机制的主要权力手段。不过,我们确实掌握了一种往往很脆弱的"权力手段",正是它为我们扮演的政治角色和研究的政治意义提供了一条线索。

我想,将研究告诉以上依据权力和知识而区分的其他三种类型中的人,正是接受了自由和理性理想的社会科学家的政治职责。

对那些握有权力而又认识到这一点的人,他把通过自己研究发现的,造成结构性后果的不同程度的责任,归于他们的决策与否。

对那些行为具有这样的影响力但本人却似乎对此不甚了解的人,他要向他们指出他所发现的这些结果。他要去指点迷津,然后,仍然将责任归于他们。

对那些往往没有这样的权力,其认知范围又局限于日常情境中的人,他通过自己研究,揭示结构性趋势和决策对这些情境的意义,以及个人的困扰与公共论题之间联系的多种途径;在此过程中,他阐述自己在思考有权者的行动中所发现的内容。这便是他主要的教育职责,而当他对大规模的听众讲演时,这也是他主要的公共职责。现在,让我们考察这第三种角色所包含的问题和职责。

四

无论它的认知范围多大,社会科学家通常是一名教授,这一职业事实相当程度上决定了他所能做的事。作为教授,他向学生授课,偶尔也通过讲演、写作,向更广泛的公众和具有更重要地位的人进行宣传。在讨论他所可能扮演的公共角色时，让我们紧扣这些简单的权力事实，或者你也可以说，也紧扣他无权的事实。

如果他关注文科教育，也就是说有很大自由的教育，那么他的公共角色有两个目标：他应当为个人所做的，就是将个人的困扰和思虑转换为可直接诉诸理性的社会论题和问题；他的目的就是帮助个体成为自我教育的人，这只有当他获得理性和自由时才能实现。他应当为社会所做的，就是反抗一切摧毁真实公众而创造一个大众社会的力量，或者从积极的目的看，他的目标就是帮助培养自我修养的公众，并提升他们的修养。只有到那时，社会才可能是理性和自由的。

这些都是极宏大的目标，我必须以略微曲折的方式进行解释。我们要考虑技巧和价值。可是，各种"技巧"与价值的相关性参差不齐。我不相信技巧和价值在研究中能这么轻易地被分解为我们经常运用的"中立"的技巧。技巧与价值总是不同程度地各持一端。但在两者中间，就应该是我称之为感性的内容，并且它最有可能激起我们的兴趣。培训一个人读写或操作机床，很大程度上是一种技巧的训练；而帮助某人确定他真正想从生活中得到什么，或同他辩论斯多葛学派、基督徒和人文主义者的生活方式，则是价值的修养和教育。

在技巧和价值之外，我们还应当注意感性。它除了包含上述两者，还有更多的内容。它包含了从古老意义上说，用以澄清人们关于自我认识的疗法。它包含了争辩技巧的训练，当我们自我争辩时，它们称之为思考，而当我们与他人争辩时，则称之为辩论。教育者应当从最能打动个体的地方入手，即使这些入手点看上去似乎过于琐屑和庸俗。他必须运用这种材料，按照此种方式进行,使学生在对这些材料的思考中,以及随着教育的继续,在对其他材料的思考中,培养日益增强的洞察力。同时,教育者又必须培养有能力,并愿意独立继承这一事业的人。大学文科教育的最终产品不外乎自我教育、自我修养的男士女士;简而言之,即自由和理性的个体。

根据民主一词的主要含义,这类人士占优势的社会就是民主的。这样一个社会也可以定义为真实公众,而非大众占优势的社会。如此说时,我的意思是:

无论他们是否了解自己,处于大众社会中的人受到个人困扰的限制,而个人又没有能力将它转换为社会问题。他们不理解自身所处环境中个人困扰与社会结构问题的相互作用。而另一方面,真实公众中的博学之士却能做到这一点。他很清楚自己所思所感的个人困扰常常也困扰着其他人,更为重要的是,他清楚个人对于问题的解决无能为力,这些问题只有通过他生活于其中的组织结构,有时甚至需要整个社会结构的改变才能解决。处在大众中的人有困扰,却不了解这些困扰的真实意义和根源;而真实公众则直面论题,并通常逐渐了解论题的公共用语。

社会科学家作为文科教育者,他的政治职责就是不断地将个人困扰转换为公共论题,并将公共论题转换为它们对各种类型个体的人文上的意义。他的职责就是在研究中,并且作为教育者,还要在生活中展示这种社会学想象力,促使公众中受教于他们的人得以养成这样的思维习惯,这就是他们的目的。要捍卫这些目的,就要捍卫理性和个体性,使它们成为民主社会的主流价值。

188

你可能会想，"瞧，又来了。他又在树立如此高的理想，使任何事物都相形见绌。"我确有可能被认为在这样做，可这正好验证了目前人们正使用的民主一词缺乏严肃性，验证了许多观察者对民主一词的明确含义的偏向，采取漠然态度。民主当然是一种复杂的思想，人们对它有许多合理的争议。然而，毫无疑问，民主思想还不至于如此复杂或武断，导致它不再被渴望理性的人们运用。

我已阐述了将民主当作理想的思想。在本质上，民主意味着那些将受到决策重大影响的人们应当在决策中拥有发言权。这就意味着，用以决策的所有权力应当得到公开的法律认可，而那些决策者们应当承担公共责任。在我看来，这三点中任何一点都难以实施，除非我所描述的这类公众和个体在社会中占支配地位。不久，我将明确指出进一步的条件。

美国社会结构不是一个全体民主的结构，让我们以此作为最起码的认同点。我还没有听说哪一个社会是全体民主的——这仍然是一个理想。应当说，美国当前的民主主要是形式上的，以及对民主期望的修饰。而实质上与实践中，常常是非民主的，在许多制度领域，这已是再明显不过了。公司的管理既非以镇民大会方式进行，也非由掌权者以对深受其权力行使影响的公众负责的方式运行。军事机器处于同样的境地，而政权机构也越来越如此。我并不想给你留下如下印象，即我对于许多社会科学家能够或将要扮演民主的政治角色的可能性持乐观态度，或即使他们中许多人这么做了，必然导致公众得以复兴的可能性持乐观态度。我只是概括了一种我所能看见的，并且事实上正由一些社会科学家实践的角色。这恰恰也与自由主义与社会主义对理性在人类事务中所扮角色的观念相一致。[1]

我的观点是,无论社会科学的政治角色是什么,如何履行,效果如何,都是同民主的普及程度密切相关的。

如果我们选择了第三种角色,即独立自主的角色,则意味着我们努力在一个非全体民主的社会中以民主的方式行事。但我们的作为却仿佛就处于全体民主的社会中,通过这种做法,努力消泯"仿佛",努力使社会更加民主。我认为这样一种角色才是社会科学家应当尝试履行的。起码我还没有听说还有别的方式可以促成民主政体的建立。因此事实上,社会科学作为人类事务中理性的首要载体的问题,是当代民主的主要问题。

五

成功的机会是什么呢?在我们活动于其中的政治结构里,我相信社会科学家不大可能成为理性的载体。因为掌握知识的人若要履行这一关键角色,就必须辅以特定的条件。马克思说:人类创造了自己的历史,却并非在他们自己选择的条件下创造。那么,我们要想有效地履行这个角色,需要什么条件呢?我们需要具备以下两个特征的政党、运动和公众:(1)其中,思想和社会生活的选择经过真正的讨论;(2)有机会真正影响引致结构性结果的决策。只有这样的组织存在,我们一直探讨的理性在人类事务中扮演角色才是切实可行,有望实现的。附带一句,我认为这种情况是所有全体民主社会的一个必备条件。

在这样一个政体中,社会科学家在履行他们的政治角色时才有可能"呼吁"或"反对"一系列的运动、阶层和利益,而不是仅仅对往往含糊懵懂,恐怕还逐渐退化的公众讲话。总之,他们之间会有思想的交锋,并且这种交锋(在给定时刻,作为一个过程及结果)具有政治意义。如果我们严肃地看待民主思想,严肃地看待理性在人类事务中扮演的民主角色,那么,置身于这种思想的交锋之中就决不会使我们苦恼。当然,我们不能假设,所有的对社会现实的定义,更远远不用说所有对政治方法和手段的陈述以及关于目标的建议,不会形成某种不可争辩的统一教条。[2]

在缺乏这类政党、运动和公众的情况下,我们生活的社会中,民主主要表现为立法形式和徒有其表的期待。我们不应低估了由这些环境所提供的巨大价值和相当多的机会。我们应当从它们在苏维埃世界的缺失以及这个世界里知识分子起而反抗这一事实中,了解它们的价值。我们也应当知道,在那里知识分子身体上遭到摧残,而在西方,知识分子却从道德上毁灭自己。美国民主如此的徒具形式,并不意味着我们能避开这样一个结论,即如果理性就是在以民主方式创造历史中扮演一个自由的角色,它的一个首要载体必定是社会科学。民主的政党、运动和公众的缺失并不意味着社会科学家作为教育者,不应努力将教育制度形成一个框架,使公众在其中得以解放,起码是开始解放,并在其中鼓励与维持讨论。它也并不意味,教育者不用再以非学院的角色教化这种公众。

从事这些活动当然可能惹上"麻烦";或更严重一点,面对人们的极度漠然。这就要求我们刻意提出有争议的理论和事实,积极地鼓励辩论。如果缺乏广泛、公开和内容丰富的政治辩论,则人们无法触及他们世界的显著事实,以及他们自身的事实。在我看来,尤其是现在,我所描述的角色所要求的,正是展示有关存在本身的种种互相冲突的定义。通常冠以"宣传"名称的内容,尤其是民族主义类型的,不只是关于不同主题和问题的观点,正如保罗·科兹克迈悌所强调的,这是传播官方对存在的定义。

我们的公共生活,目前往往依赖于这类官方的定义以及神话、谎言和愚蠢的观点。当许多政策,无论讨论过还是未经讨论,是基于不充分的、误导性的关于现实的定义时,那些极力对现实作出更充分定义的学者,必能产生令人不安的影响力。这就是为什么我曾描述过的公众以及具有个体性的人,在这样的社会中是激进者的原因。然而这就是思考、研究、理性、思想以及观念所扮演的角色:以具有公众意义的方式对现实作出充分的定义。在一个民主政体中,社会科学的教育和政治职责就是培养并支持那些公众和个体,以使他们发展出有关个人与社会现实的充分定义,并以此去生活、行动。

192

我所一直描述的理性的角色,既不意味,也不要求我们急急忙忙地搭乘最近班次的飞机抵临当前危机的发生地、游说国会或收买新闻设备、深入贫民中、搭建临时演讲台。这样的行为通常是受人称道的,我很容易想象,如果有机会,我自己也一定会想这么做。但如果社会科学家将这些事情当作日常的活动,就是放弃了他的角色,而这一行动也表示他对社会科学的前景和理性在人类事务中的角色有怀疑,这一角色要求社会科学家处理好社会科学的研究工作,避免理性和演讲向科层化发展。

并非所有的社会科学家都接受我正好在这些问题中所持的观点,而且这种情况也非我的本愿。我的立场是,社会科学家的一个职责就是确定对历史变迁的性质,以及具备理性和自由的人在其中所处的位置——如果存在的话——的看法。只有这样,他才会逐渐认识到自己在所处社会中的学术和政治角色,并在此过程中,搞清楚自己对深深浸入社会科学传统,并是其前景中重要部分的自由与理性的价值,究竟持何看法。

如果个体和小型组织无法自由行动,从而影响历史结果,同时还不具备足够的理性以洞察这些结果;如果现代社会的结构目前的情况是历史实际上是盲目的漂流物,无法以可控的方式和可知的知识进行创造,那么,社会科学惟一的自主角色就是记录和理解;掌权者应承担责任的思想就是愚蠢的;理性与自由的价值,将只在某些受特别照顾的私人生活的例外情境中才可能实现。

但这只是许多"如果"。尽管对于自由程度及其结果范围,可以有大量争议,但我认为,并不存在充分的证据,能使我们必须放弃把自由和理性作为社会科学研究的指导价值。

避免我所讨论的这些麻烦问题的企图,受到当前社会科学"不必出去拯救世界"的宣传的广泛保护。有时这是一个谦虚学者的自谦之词;有时这是一名专家对众所关注的论题的冷嘲热讽的轻视;有时这是少年梦想的忽然醒悟;但它往往企图假借科学家——被人们视为纯粹的、超脱现实的知识分子——声望的人的装腔作势,但也有时,这是基于对权力的现状深思熟虑后作出的判断。

由于这些事实,我不相信社会科学能"拯救世界",尽管我认为"力图拯救世界"根本没什么错,这一短语用在这里,我指的是避免战争,重新规划人类事务使之与人类自由和理性的理想相一致。尽管我所具有的知识使我对人类的机遇持有非常悲观的估计。但即便这是我们现在所处的位置,我们还是必须问:如果凭借智识**确能**发现摆脱我们时代危机的出路,那么不正轮到社会科学家来阐述这个出路吗?我们所代表的——尽管并不总是很明显——是人对人类处境的自觉。目前,几乎所有重大问题的解决方案也都正有赖于人类自觉的层面。

根据我们现有的知识来**吸引**当权者注意,是愚蠢的乌托邦幻想。我们同掌权者的关系,更可能只是他们认为有利用价值的关系,也就是说,我们成为技术专家,接受其问题和目标,或是成为意识形态专家,提高其声望和权威的。此外,考虑到我们扮演的政治角色,我们必须首先审视我们作为社会科学家的集体努力的性质。社会科学家请求同事进行这样的审视,绝不是乌托邦。明了自己研究对象的社会科学家,必须面对我在本章所暗示的道德两难困境——人们感兴趣的东西有别于投合人们利益的东西。

如果我们持简单的民主观,认为**人们感兴趣的东西**的就是我们需涉及的所有内容,那么我们就接受了被既得利益者有意无意反复灌输的价值。而这些价值往往就是人类有机会发展的惟一价值。与其说它们是选择而得,不如说是无意识养成的习惯。

如果我们持教条的观点,认为**投合人们利益的东西**,无论他们感兴趣与否,就是我们在道德上需要关心的所有内容,那么我们会有违背民主价值的风险。那么,在一个人们努力共同坚持理性,并将理性价值置于崇高地位的社会,我们可能会成为操纵者或压制者,或二者兼而有之,而不是说服者。

我的建议是,通过将我们自身置于论题和困扰中,将论题和困扰阐述为社会科学的问题,我们会遭遇最难得的机会,我相信这是惟一的机会,使理性以民主方式在自由社会中与人类事务相关,从而实现潜存在我们研究前景之下的古典价值。

注释

1 顺便提及,我很乐意提醒读者,与其科层制环境和用途显著不同的是,抽象经验主义的风格(以及它所坚持的方法论上的抑制力)与我正在描述的民主政治角色并不十分契合。那些确信抽象经验主义风格是"真正的社会科学研究",以及那些秉信其精神的人们不能履行自由主义教育者的角色。这一角色要求个体和公众被赋予运用理性能力的自信,并通过个人批评、研究和实践,扩大其范围,提高它的内涵。它要求鼓励个体和公众,用乔治·奥威尔的话说就是"冲出鲸鱼的口腹",或是用美国的妙语来说,"成为自己的主人"。告诉公众只有依靠必要的科层式研究才能"真正地"认识社会现实,无异于以科学的名义,在他们成为独立的个体和自立的思考征程中设立了禁忌。这等于暗中损害了个体巧匠对自己认识社会现象能力的自信。实际上,它鼓励人们参照外在机构的权威确定自己的社会信仰,当然,它与我们时代理性的科层化相一致,并且也因科层化而加强。学术生活的工业化和对社会科学问题的分割,并不能给社会科学家带来解放教育的角色。因为这些思想学派将事物分成一片片细小部分,并说这些细小部分是确定的。但是他们确定的只能是抽象的片断。而正是大学文科教育、社会科学的政治角色和它的学术前景,才能使人们超越这些片断和抽象的环境:洞悉历史结构和自己在其中的位置。

2 这种在社会思想领域关于垄断的思想,是一种权威主义的观念,它隐藏在作为理性管理者的科学制造者对"方法"的看法之中,而宏大理论家的"神圣的价值"则对之掩饰甚少。在我于第五章中分析过的技术专家治国论的口号中,它得到更明显的体现。

附录 论治学之道

在一个认为自己秉承着古典传统的社会科学家眼里,社会科学是一种治学的实践。研究实质性问题的学者,像很多人一样,很快就对讨论琐屑空泛的方法与理论失去了耐心,感到厌倦。太多的讨论又使他自己的研究难以稳步展开。这种经历使他相信,与其让一个从未作出任何重大研究成果的专家提出一堆"研究法则",还不如请一位从事实际研究的学生对自己的工作过程作一番描述。仅仅通过经验丰富的思想家交换各自实际研究方法的谈话,就足以使初学者体会到内涵丰富的方法和理论。有鉴于此,我认为,稍详细地谈谈我的治学不无益处。这当然只是个人的陈述,但我希望读者,特别是刚刚独立研究的读者,——能将它们和自己的经验相印证,使其更少个人的色彩。

一

我想最好还是先提醒初学者的是,在你们所加入的学术共同体中,那些最有名望的思想家并不把研究工作与日常生活相割裂。他们舍不得冷落任何一方面,以至于不能容忍这样的分割,并且要力图使两者相得益彰。当然,这样的分割在一般人中已成流行之势。我想,这大概是由于他们所从事的研究工作空洞无物吧。但你会发现,作为学者,你有特别的机会来设计一种生活方式,它将促成良好的研究习惯。选择做一名学者,既是选择了职业,同时也是选择了一种生活方式;无论是否认识到这一点,在努力使治学臻于完美的历程中,治学者也塑造了自我;为了挖掘潜力,抓住任何邂逅的机会,他陶冶成了以优秀的研究者必备的多种素质为核心的品格。我的意思是,你必须在学术工作中融入个人的生活体验:持续不断地审视它,解释它。从这个意义上说,治学之道就是你的核心,并且在你可能从事的每一项学术成果中纳入个人的体验。说你能"获取经验",首先意味着往日的体验参与并且影响着现在的体验,进而影响到对未来经验的获取。作为一名社会科学家,你必须控制这相当微妙的交互影响,捕捉你所体验到的东西,然后整理得条理分明:只有如此,你才有希望利用它们来引导、检验你的思考,并在这个过程中,把自己训练成治学有方的学者。但需要怎么做呢?有一个好方法:你务必建立一个学术档案,用社会学家的话说,即记日记。许多富有创新精神的著作者笃行于此;而社会学家需要进行系统的思考,也得如此。

在我即将论及的这个学术档案中,个人体验和学术活动相辅相成,进行中的与尚在计划的研究也密切结合。在这个学术档案中,你作为治学者,要尝试将正在从事的学术研究与同时产生的个人体验协调起来。在这里,你不要悃于运用体验,并与正在从事的各种研究直接联系。学术档案将有助于缓解重复工作的乏味,同时使你免受劳心费神之苦。它还能激发你捕捉"边缘思想":异彩纷呈的思想,要么是日常生活的"副产品",要么是无意间听到的街谈巷议的片段,甚或就是梦中所得。这些思想一旦被记录下来，就不只会给更直接的体验添些思想意义，还可能激发出更为系统的思考。

你将经常发现，那些卓有成就的思想家是如何审慎地对待他们的思想，密切地关注它们的发展，并组织起自己的体验。对于哪怕是最微末的体验，他们也敝帚自珍，因为现代人在一生中获得的个人体验是如此之少，而作为原创性学术研究工作的源泉，这些体验又显得如此重要。我渐渐认识到，能够信任自己的体验同时又不盲从，这是一位成熟的治学者的标志。这种富于弹性的自信心对于任何思想追求中的创新都是必需的。而学术档案就是使你能够资以发展和维护自信心的一种方式。

通过设立内容丰富的学术档案，并由此养成自省的习惯，你将学会如何保持内在精神世界的清醒。无论何时，当你对某些事件或思想深有感触，务必不要让它们从脑海中溜走，相反，你要梳理它们，把它们归入你的学术档案，并在这个过程中抽取它们的含义，让自己看看这些感触和念头究竟是多么愚不可及，还是如何可以被阐述为令人获益匪浅的东西。建立学术档案同样可以使你养成练笔的习惯。若要保持娴熟的写作技巧，至少要每个星期都写些文字。在充实学术档案的过程中，你便能练习写作，据说这样便可以提高表达能力。维护和更新一个学术档案，就是把握住了自己的体验。

对于一位社会科学家来说，最糟糕的事情之一就是：仅仅在为了某个研究项目或课题而申请经费时，才感到有必要制定"**计划**"。大多数计划被制定出来，或至少是有些详细的书面文字，仅仅是为了申请到资金。无论这种计划的制定过程多么合乎标准,我认为都是非常糟糕的:在某种意义上,这是十足的推销术,并且,一般说来很有可能煞费苦心地炮制出虚张声势的文章来;课题也许被"展示"出来,并在八字还没一撇的时候就被加以随意解释;所谓课题,纯属虚构而已,目标只是为了某种隐秘的意图获取资金,——却不论这个意图连同上报的研究项目有无价值。一位从事实践的社会科学家应当定期回顾"我的问题与计划的进展"。一名刚刚从事独立研究的年轻人也应当考虑这个问题,但人们不要期望他——而他也不要自我期许——在这个问题上能有多么深入的进展,并且一定不要固守任何一项计划。他所能做的就是列出论题。无论论题大小,它往往不幸成为他预想中的独立从事的首项研究。只有在你的研究工作进行到一半或三分之一的时候,这样的回顾才可能颇见收获,乃至引起别人的兴趣。

每一位在自己的研究中得心应手的社会科学家都应当随时拥有很多计划,即有许多想法,问题通常只是他事实上,而且应该选择其中的哪一个作为下一个研究的题目。他应当给自己的主要日程专门设立一个简明的学术档案,这个学术档案仅依据自己——或许包括与朋友之间的讨论——而进行记录和修改。他应当经常地,并且也在清闲的时候,认真而有针对性地回顾这些记录。

对于保持你的学术事业目标明朗,驾驭自如,诸如此类的步骤是必不可少的方法之一。我认为在从事研究的社会科学家之中,对"我的问题的进展"的评价进行不拘形式的交流,是确凿判定"社会科学领域中主导问题"的惟一基础。在任何自由的学术共同体中,不大可能甚至肯定不存在铁板一块的问题系列。如果一个学术团体气氛活跃,成果卓著,那么必然存在着可供个人之间探讨未来研究的学术空间。这种空间包括问题、方法和理论三个方面——它应当源自研究者的工作并重新引入研究当中去；研究的进展决定了它们的内容，而在一定程度上，它们又引导着研究的进展。专业协会正是因此才有它存在的学术上的理由，也才因此需要设立一个学术档案。

在你学术档案中的各类主题下，包含着个人观点、评论、摘录、书目和课题概要。依我所见，这虽然只是一个随意的习惯问题，但我认为你会发现，把所有这些条目根据研究项目，分类整理为包含各个分支的主学术档案将会更好。当然，主题会有变化，有时变化还会十分频繁。比如，当一名学生准备预考、写作论文，同时还要完成学期论文，那么，他的学术档案就会按照这三个方面进行编排，但经过一年左右的研究生学习后，你将重组所有学术档案以便和你的学位论文所包含的主要研究项目挂钩。于是，当你不断推进研究之时，便会发现没有哪个研究项目曾占据过全部学术档案，或者你建立主要分类，据以安排学术档案。事实上，使用学术档案，会使你用以思考的分类不断扩大。这些分类不断变化，一部分会被剔除，另外一些又加入进来，这一过程可以看作是你的学术研究深入拓展的标记。最终所有学术档案会按照几个大的研究题目进行编排，在几个大题目之下，又有许多年复一年不断改变的小题目。

所有这些都包含着要做笔记。你必须养成对读到的每一本有价值的书做大量笔记的习惯——当然，我必须承认，一本毫无价值的书远不如由自己思考而得到的东西多。把读他人著作而获得的体验，或自己的生活体验转化到学术领域时，第一步就是赋之以框架。仅仅对一则体验命名就常常需要你作进一步的解释；同时，就一本书作笔记能够激励你思考。自然，这对你理解此书大有助益。

你的笔记或许同我的一样实际上不外乎两类：在阅读那些最重要的书时，力图把握作者论证的结构，并相应做出笔记；但经过几年的独立研究后，更为经常的作法不是去阅读整本书，而是从已在学术档案中计划好的，你所感兴趣并正在考虑的某些特定的论题和主题的角度出发，有选择地阅读书中的某些部分。于是，你做的笔记并不一定全面反映此书。你仅仅是因为它们有助于你的研究项目而**利用**其中某个思想，某件事实。

二

但是，到目前为止，这个看起来更像一种奇怪的"文学"日记的学术档案又该如何应用到学术生产中去呢？对此学术档案的维护**本身就是**学术生产。从极为模糊到精致完美，它是一个不断扩大的事实和思想的仓库。例如，当我决定进行精英研究时，所做的第一件事就是，根据我要了解的各个类型人的名单，草拟一个提纲。

我如何想到并决定做这样一项研究，这可能就揭示了个人的生活经验怎样滋养了他所从事的学术研究。我忘记了是在什么时候开始专门研究"社会分层"的，但我确信在第一次读凡勃伦的著作时就已经开始了。对于他在"商业"和"工业"上的研究，我一直不甚了解，乃至印象模糊。对刻板的美国公众来说，他是马克思的翻版。不管怎么说，我写了一本关于劳工组织和劳工领袖的书，这是一个带有政治动机的任务；我还写了一本关于中间阶层的书,写它的最初动机是想整理一下从1945年以来在纽约的个人经历。因此,我的朋友建议我还应该续写一部有关上层阶级的书,以凑成一个三部曲。我认为对它已颇有把握。我曾反复地阅读巴尔扎克的作品,尤其是在40年代,并且神往他为自己定下的目标:他要在作品中"涵盖"那一时代所有主要阶级和类型的人。我还写过一篇关于"商业精英"的论文,并收集整理了实行宪法政体以来,美国政界最高人士职业生涯的统计资料。这两个想法起初是在美国历史的专家讨论会上激发产生的。

在写这些文章和书以及为社会分层研究作准备的过程中,难免会残留有关上层阶级的观念和事实。尤其是在社会阶层化的研究中,很难避免地会逸出当前的主题。因为现实中的任何一个阶层在很大程度上都与其他的阶层相关联。因此,我开始考虑写一本关于精英的书。

但是,这并不是这项"研究"产生的"确切"原因。真实的过程是这样的:(1)这个想法和计划源于我的学术档案,因为我所有的计划都是与这些学术档案相始终的,并且,这些书只是从深入其中的持续不断的研究中有组织地抽取出来的。(2)经过一段时间,所涉及的一系列问题开始支配我。

在草拟提纲之后,我检查了我的全部学术档案,不仅包括那些明显与我的主题相关的部分,还包括那些看起来毫无瓜葛的内容。想象力常常成功地在互相分离的条目间找到出乎意料的联系,从而将它们结合在一起。为了这特定领域的问题,我在学术档案中开辟出新的单元。当然,学术档案中的其他部分也需要重新布局了。

在重新安排学术档案系统时,你经常会发现想象力被不断激发出来。显然这是你通过将各种想法和不同主题的笔记融合而促成的。这是一种组合逻辑,在这个过程中,"运气"有时扮演着一个重要而奇异的角色。你尝试以一种轻松的方式把在学术档案中作为例子的学术资源归拢在新的主题之下。

在目前这种情况下,我也开始运用我的观察力和日常经历。我首先想到的就是精英研究的经历。然后我就去和那些我认为曾经历过或考虑过这些问题的人进行交谈。事实上,我现在开始改变原定要研究的人物。到目前,这些人物应包括:(1)我原本就想研究的人;(2)与我研究的对象有密切关系的人;(3)通常以某种专业方式对我所研究的对象感兴趣的人。

虽然我说不出最优秀的学者必备的全部社会条件,但能够使一群愿意倾听和讨论的人环绕在自己周围——有时这些人只能是在想象之中——无疑是条件之一。无论如何,我都尽力将自己置身于各种互有关联的社会环境和学术环境之中,这样可以引导我沿着研究主题进行思考。以上就是我关于个人生活与学术生活相融合的论述的一点意义。

今天,在社会科学中,好的研究不再是、也不可能总是由一种明确的经验研究构成,而是由多种研究复合而成。所以,只有当已有的资料经过反复研究并构建起一般的假说之后,才能确定可以把什么内容作为把握问题状况与发展趋势的落脚点。

在学术文献中,我发现在"已有资料"里,有三种类型与我的精英研究有关,即:一些和主题有关的理论;其他人研究出来,并作为**这些**理论论据的资料;已收集起来并经过不同程度的整理集中,可以利用,但与这些理论无直接关系的资料。只有在类似既有资料的帮助下,完成理论的第一份草案后,我才能有效地确定我的核心主张和基于直觉而产生的想法,并设计研究项目,对其进行检验。也许我不必如此,尽管我知道我最终会往复于已有资料和自身研究之间。所有最终的陈述都不仅要涵盖资料(只要是可得的或我已知的),而且还必须通过某种积极或消极的方式来考虑适用的理论。有时,这一对思想的"考虑",通过事实的支持或否定,就可轻易完成;有时则需要详细的分析或评定;有时,我可以系统地罗列一些适用的理论作为选择的范围,并依据这一范围来组织问题。[1]但有时我只允许这些理论出现在我自己确定的范围之中,出现在相当多样的情境中。不管怎样,在有关精英的书里面,我必须考虑莫斯卡、熊彼特、凡勃伦、马克思、拉斯维尔、米歇尔斯、韦伯和帕累托等人的著作。

在翻阅关于这些作者的笔记时,我发现他们提供了三种陈述:(a)从某些笔记中,通过系统地复述,你可直接了解作者对整个或某些给定论点的论述;(b)某些著作中,无论你认同还是否定,给出了推理和论证;(c)其他的,你将之作为对你自己的阐述和研究项目所提的建议。这包含了你要抓住要点并提出疑问:我怎样才能将它变为可检验的形式?我又怎样检验它?我怎样将它作为详细阐述的中心,将它作为使相关的细节性描述得以发现的视角?当然,正是在这种对现有观念的把握中,你感到自己在继承着以往的研究。下面有两个关于莫斯卡的原始笔记的摘录,可能会揭示我一直试图描述的东西:

> 莫斯卡除了列举历史轶事以外,还以如下断言来支

持他的论点：正是组织的力量使得少数派能够经常地维持统治。存在组织的少数派，他们支配着事物和人；存在无组织的多数派，他们则被人支配。[2]但是，为什么不同时考虑：(1)有组织的少数派；(2)有组织的多数派；(3)无组织的少数派；(4)无组织的多数派呢？这是值得全面讨论的。首先，必须明确"有组织"的含义究竟是什么。我认为莫斯卡的意思是：多少可说是连续且协调地驾驭政策和行动的能力。如果这样，他的论点根据定义是正确的。我相信，他还会说，"有组织的多数派"是不可能有的，因为在这当中，新的领导者，新的精英将会处于这些多数派组织的顶层，莫斯卡很可能挑出这些领导者成为他所谓的"统治阶级"，称他们为"发号施令的少数派"，在他煞有其事的判断之下，却是些站不住脚的材料堆砌。

我想起这样一件事情（我想这是莫斯卡向我们提出的问题的核心）：从19世纪到20世纪，我们目睹了社会从上述(1)、(4)的组织形式转换到了(3)、(2)的组织形式。我们从一个精英国家转变为一个组织化的国家，在这当中，精英不再那么有组织，也不再独具权力，而大众则越来越有组织，越来越强大。一些权力在街道上产生，并且围绕它，整个社会结构和它们的"精英"都发生了转变，那么，统治阶级的什么部门比农业集团更具组织性呢？这并不只是个说法的问题，即我现在可以以正反两种方式做出回答；这是个程度问题。我要做的就是使这个问题公开化。

莫斯卡提出一个在我看来非常好并且值得深入探讨的观点。在他看来，在"统治阶级"中经常会存在顶层派系和第二个更大的阶层。（A）最高层可以持续地、即时地和这个阶层相联系。（B）莫斯卡相信，最高层还可以和这个阶层共同分享观念和情感，时而分享政策。检查一下看看他是否在书的其他部分指出了其他联系点。小集团吸收的成员是否大多数来自第二阶层？最高层是否在某种程度上对第二阶层负责或者至少对其保持密切关注。

现在让我们放开莫斯卡：在另一个词汇表中，我们有（A）精英，这里我们指的是最高层；（B）那些有影响力的人物；（C）所有其他人。在这个图式中，第二、第三阶层的成员被第一阶层限定。而第二阶层在规模、构成以及与第一、第三阶层的关系上可能有很大变化。（那么，B和A以及B和C之间关系变化的范围是什么呢？查一查莫斯卡的论述以寻找线索，并通过系统地思考来进一步拓展。）

这个图式使我可以更清晰地考虑根据几个分层尺度划分的不同阶层的精英。当然也要以规范性稍逊于帕累托的方式、清晰而意义明确的顾及帕累托式的统治精英与非统治精英。当然，许多拥有最高地位的人至少要属于第二阶层，那些大富豪也是如此。一般说来，顶层派系精英很有权力或富有权威。在这个词汇表中，精英通常是指权力的精英，其他顶层的人物则属于上层阶级或上层集团。

这样，通过一定方式，我们便能利用这一点和两个主要问题相联系，一是精英结构，二是阶层化与精英理论之间的关系。这种关系是概念上的，后来或许是真实存在的。（阐明这种关系）

从权力的角度来说，挑出有分量的人物比挑出那些统治者容易，当我们挑出有分量的人物时，我们选择最高层级的人作为一种松散的集合体,这主要依据他们的职位决定取舍。但是,当我们试着挑出统治者时,我们必须详尽地说明他们是怎样掌握权力,又是怎样同借以运用权力的社会工具挂钩的。我们要更多地探讨人,而非地位,或至少要将人的因素考虑进去。

现在,不止一类精英掌握着美国的权力,我们怎样判别少数几类精英之间的相对地位呢?这要依赖于正在作出的论题与决策。在一类精英眼中,其他精英是那些有分量人物中的一员。精英之间存在着一种相互的认可,即认为其他精英是有分量的。他们以一定方式彼此视对方为重要人物。课题就此出现:选择最近十年中三四个关键性的决策,如投放原子弹、减少或提高钢铁的产量、爆发于1945年的通用汽车公司大罢工,然后详细追踪涉入其中的人。当你企图强调重点之时,可以用"决策"和决策过程作为采访的依据。

三

在研究进程中,当你读完了其他的书,对于书中你需要的东西要记下笔记和摘要,在这些笔记的空白处作旁注,同时也在一个独立的学术档案里,写下与经验研究有关的思想。

现在,如果有可能我是不愿意从事经验研究的。此时没有助手会很麻烦;而一旦聘用助手,却又意味着更大的麻烦。

在当前社会科学的学术环境下,有太多的事情要通过"构造结构"的方式(请允许我用这个词来表示我正描述的这种研究)去做,以至于很多"经验研究"注定是乏味的。客观地说,许多经验研究是初学者的一种规范训练,并且有时对于那些不能处理较难的社会科学实质问题的人来说,也是一项很有效的努力。阅读不如经验调查更具实效。经验研究的目的就是要解决一些对事实的争议和质疑,从而基于更真实的方面,使讨论更具成果。事实约束理性,而理性则是所有学术领域的前导。

尽管你不可能获得足够的资金从事许多正设计中的经验研究,但继续设计这些研究依然是必要的。一旦展开了一项经验研究,即使没有能够坚持到底,也仍然促使你以一种新的方式收集材料,而这常常被证明会与你正研究的问题有着无可置疑的相关。在将他们的著作转化成合适的经验研究——这仅意味着将之转化为事实问题——之前,就认为自己已穷尽书中之理,这与解答本可以在图书馆中获得,却偏要去作田野调查一样,都是愚不可及的。

我这种研究工作所需的经验计划必须保证,首先,与我上面所写的草稿有关;它们必须对草稿的原始形式予以确认或是对之做出修订。或者再抬高一点,它们必须对理论建构有意义。其次,这些计划必须是有效的、明确的,如果可能的话,还应是有独创性的。我如此说的意思是,它们必须能保证提供与我们对之所投入的时间和精力成正比的大量材料。

但怎样才能做到呢?陈述问题的最经济方式就是尽可能地只用推理。在推理中,我们力图(a)分离出每一个遗留的对事实的质疑;(b)在对这些事实质疑发问时,我们采取的方式是保证使答案能帮助我们通过进一步推理,进一步地解决问题。[3]

为了以这种方式抓住问题,你必须注意四个步骤;但通常情况下,最好多次重复所有四个步骤,而不要在任何一步上停留太长的时间。这些步骤是：(1)来源于你对主题、论点或思考领域的总体认识、你觉得必须考虑的一些基本的原理和定义；(2)注意这些定义和原理之间的逻辑联系；建立起微型的初级模型，还有，要提供能使社会学的想象力一展身手的最好机会；(3)由于遗漏必要元素、错误或含糊的术语定义，以及对某一部分及其逻辑外延的过分强调而导致的错误观点，要予以删除；(4)反复陈述遗留的对事实的质疑。

其中，第三步是充分阐明一个问题所必须的，但往往又很容易被人们忽略。对于会引起争论和麻烦的问题，你要非常审慎地考虑大众的认识：那是问题的一个部分。对于学术陈述，你当然要仔细地检查，要么在重新阐述时充分应用，要么就抛开不要。

在决定进行目前工作所必需的经验研究之前，我开始草拟一个更大的设计。在此设计中，各式各样的小规模研究开始出现。于是，我又从文献中摘录如下：

> 将上层集团作为一个整体来进行系统和经验的研究，我目前还未走到这一步。所以需要先确定一些定义和程序，从而为这一研究构造一种理想的设计。首先，我可以试着收集那些切合这一方案的现有资料。其次，根据既定指标，考虑以便捷的方式收集资料，以备不时之需。接下来要做的第三件事就是将整体的经验研究更为具体化，它们最终是必不可少的。
>
> 当然，我必须根据特殊的变量对上层集团系统地加以定义。形式上来说——这多少类似帕累托的方式——

他们是那种信守绝大部分既定价值或价值体系的人。所以我必须作出两个决定：我该用什么变量作为标准？我所指的"大多数"究竟是什么意思？确定了变量之后，我必须构建我所能提出的最好指标，如有可能，最好是量化的指标，用它们对人群进行划分。到此我方能确定什么是"大多数"。因为在一定程度上，这要留待对各种分布及其重叠进行实证考察之后，才能作出决定。

关键变量必须具有足够的涵盖程度，以便我在选择指标时享有一定的自由；同时，还要足够地具体，以便于收集经验指标。随着研究的进展，我将不得不在概念与指标间穿梭，既不丢掉其深层的含义，同时又使它们足够具体，以作为研究的指导。下面是四个韦伯式的变量，我将以此开始：

1. 阶级。涉及收入的来源和数量。所以我需要财产分布和收入分布。这里理想的资料是关于年收入的来源和数量的列联表（这一点此处很欠缺，而且过期了），由此，我们知道X％的人口在1936年收入Y百万或更多，而这些钱中，Z％是资产，W％是经营回报，Q％是工资和薪金。按照这个阶级尺度，我们可以对上层集团，即那些占有最多的人，作出定义，他们是那些在一定时间里获得一定量收入的人，或者是那些占收入金字塔顶层2％的人。查看一下财富记录和大纳税人的名单。再看看有关收入来源和数量的TNEC*表格能否提供最新的信息。

---

* TNEC：美国国家经济临时委员会（Temporary National Economic Committee）。——译者注

Ⅱ.**地位**。它需要参照人们得到顺从的数量。这个变量没有简单或量化的指标。现有指标的运用需要进行个人访谈,且迄今仍局限于地方社区研究,大体上没有什么应用价值。进一步的问题是,地位不像阶级,它里面包含着社会关系,至少是一个人得到顺从而另一个表示顺从。

顺从很容易与公共名声相混淆,或者毋宁说,我们不知道是否应该将公共名声作为地位的指标,尽管有关它的资料最容易获得。(例如:查一查在1952年3月中旬的相继一两天里,在《纽约时报》或选定版面上出现名字的下列几类人,就可以解决问题。)

Ⅲ.**权力**。它是指:即使在别人反对的条件下,也能实现自己的意愿。像地位一样,它还没有很好的指标来衡量,我想我不能将它局限于单一维度之内,但是我必须谈及A)正式的权威——在各种机构里,尤其是政治、经济、军事机构的权利和权力,以及B)并无正式设置但得到非正式执行的权力。如压力团体的领导者、支配广大媒体的宣传者等等。

Ⅳ.**职业**。指获得报酬的活动。这里,我必须再次选择采用职业的何种特征。A)如果我用各种职业的平均收入来划分他们的等级,我当然要将职业作为一个指标,并且作为划分阶级的基础。B)如果我将地位或权力依其普遍特征赋予不同的职业,那么我就要将职业作为指标,并作为权力、技能或才干的基础。但是这决不是划分等级的一种简单方式,技能不是一种能有多少之分的同质性的东西,这一点和地位多少有些相似。人们通常根据获得各种技能所需的时间来划分技能,或许我们也只能这样做,尽管我希望能想到更好的方法。

为了根据这四个关键变量,对上层集团作出分析性和经验性的定义,以上是我必须要解决的问题。假设出于设计的目的,我已经满意地解决了问题,并且根据这四个变量对人口进行划分,那么我会得到四组人:分别处于阶级、地位、权力和技能顶层的人。再进一步假设,我将每类人口分布顶层的2%作为上层集团。我面临如下可作出经验性回答的问题:在这四种分布中,如果存在重叠,那么每一分布中重叠的人数为多少?通过下面这个简单的图表,我们可以发现一系列可能性(+=百分之二的顶层;—=百分之九十八的下层)。

			阶级			
			+		—	
			地位		地位	
			+	—	+	—
权力	+技能	+	1	2	3	4
		—	5	6	7	8
	—技能	+	9	10	11	12
		—	13	14	15	16

如果我拥有资料能填充这个图表,那么它将包含研究上层集团的主要数据和许多重要问题,将提供能解决许多定义问题和实质问题的钥匙。

我没有数据,也无法获得它,这使我对它的思考就更为重要了,因为,如果尽可能接近理想设计所需的经验条件的期望,指引了这种反思,那么在此过程中,我将发现一些重要的领域,在这些领域里,我可以获得作为研究落脚点的相关资料,并且可以进一步思考。

为了使它形式上完善,我必须给这个一般模型补充两点。对于上等阶层的完整概念,要注意其持续性和变动性。这里的任务是确定目前这一代以及上两三代的个人和群体,一般在哪些地位之间(1—16)运动。

这就把人物传记(或职业生平)和历史的时间维度引入这个框架。这些不仅是更深层的经验问题,而且与定义相关。因为,A)是否根据我们的关键变量来划分等级?要保持这个问题的开放性,就得根据他们或其家人占据目前这一职位的时间来限定我们的范围。例如:我想确定居于顶层的百分之二,或至少居于一重要地位层级的人群,有哪些到今天为止,已维持了至少两代人。以及B)是否应该不仅根据变量的相互作用,而且要根据韦伯的易被忽略的"社会阶级"的定义来构造一个阶层?同样,要使得这个问题具有开放性,那么这个阶层应该包括那些具有"典型性且易变性"的职位。因此,在这种意义上,低层白领和中上层工薪阶层的工作在一定的行业中,正在形成一个阶层。

在阅读和分析他人理论的过程中,通过设计理想化的研究,仔细阅读学术档案,你将渐渐地勾勒出一系列具体的研究。有些研究大得难以把握,只能很遗憾地暂时放弃;而有些则将以一个段落、一个部分、一个句子、一个章节的资料形式而告终结;还有一些则会成为各个分散的主题,并组织成为一本完整的书。这里再给出几个这种计划的原始记录:

（1）一份10位大公司顶层管理人员，以及10位联邦政府官员的典型工作日的时间安排分析。这些观察将和详细的"生活史"访谈结合起来。这儿的目标是至少部分地根据他们付出的时间来详细地描述其主要日常例行公事及决策，并调查其作出决策的相关因素。当然这个程序会随着你获得的合作程度而发生改变。但是，首先我们希望对他们生活史和目前状况的采访能够顺利。第二，观察他这一天的活动，这其实就是坐在他办公室的一角，追踪他。第三，当天晚上或第二天进行一次稍长时间的采访，回顾这一整天的生活，探索我们所见的外在行为中的主观过程。

（2）对一个上层阶级周末生活的分析。并在接下来的星期一，对其日常生活作细致的观察和跟踪，对这个人及其家庭其他成员作探索性访问。

我和这些人有相当好的关系，来完成这两个任务。如果处理得当的话，好关系当然能得到好的结果。（1957年补加：后来证明这不过是个幻想。）

（3）一项对消费账目和其他特权的研究，它们与薪水和其他收入一道，构成了上层人士的生活标准和生活风格。这里的想法是获得"消费官僚化"，以及私人开支转换为公司账目的具体资料。

（4）更新诸如伦德伯格的《美国的六十个家庭》*一书所包含的信息，该书对赋税收入的记录截止到1923年。

（5）从财产记录和其他政府信息中。收集各类私有财

---

* Lundberg, *America's Sixty Families*.——译者注

产的数量分布,并使之系统化。

（6）关于总统、所有内阁成员及最高法院所有人员的职业生平研究。我已将从制宪会议时代直至杜鲁门第二任期的资料收入IBM卡片,但我想扩充这些项目的使用,并重新进行分析。

还有其他这类的"项目"——大概35个(例如：比较1896年与1952年总统竞选的花费；详细比较1910年的摩根和1950年的凯泽以及有关"大人物们"生涯的详细资料)。但是,随着研究的继续,你必须根据可得到的资料调整你的目标。

写下这些设计后,我开始阅读有关顶层集团的历史著作,随意作些笔记(不记入文档),理解我所读的材料。你不必真的**研究**你正进行的主题；因为,就如我说过的那样,一旦你深入进去,主题会随处可见。你对它的主旨比较敏感,你会在你的经历中随处看到和听到这些主旨,尤其是它们会在那些表面上看起来毫不相关的领域出现。甚至大众传媒,尤其是一些糟糕的电影、廉价小说、图片杂志、晚间广播都会向你揭示一些新鲜而又重要的东西。

四

但是,你可能会问,这些想法是怎么产生的呢？想象力又是怎样激发出来,将所有的形象与事实联系在一起,并使之相辅相成呢？我想,我不可能真正地回答这些问题。我所能做的就是谈一谈一般情况和一些简单的技巧。这些技巧看起来可以增加我发现新事物的机会。

我提醒你,社会学的想象力相当程度上体现为从一个视角转换到另一个视角的能力。并且在这个过程中建立起对整个社会及其组成部分的充分认识。当然，正是这种想象力使得社会科学家不再局限于单纯的技术专家。几年时间就可以训练出合格的技术专家。社会学家的想象力也是可以培养的，但如果没有大量的常规研究，则这种情况一定很少发生。[4]然而，它是难以预料的，这或许是因为它的本质就是各种观念出人意料的组合。比如说，它可以是德国哲学和英国经济学观念的混合体。在这种结合背后的思想中存在一种顽皮的根性，就像有一种真实存在的强烈的驱动力驱使着人们去理解这个世界一样；而这正是技术专家通常所缺乏的，或许是因为他受到了太好的、太正规的训练。一个人只能接受那些已有知识的训练，而训练有时会使人丧失学习新方法的能力，它使人对那些最初必然是松散甚至毫无条理的东西持有排斥异己的态度。但是你必须坚持这些模糊的形象和构想，如果是你自己产生了这些模糊的形象和构想，你一定要将它们整理出来。而原始的想法（如果存在的话），几乎总是通过这种形式出现的。

我相信，一定有某种方式，可以激发社会学家的想象力：

（1）在最具体的层次上，如我曾经说过的，重组学术档案是产生想象力的一个途径。你只需清理那些迄今为止毫无关联的文件夹，将它们的内容混在一起，然后重新分类。你要试着以轻松方式来做这项工作。重组学术档案的频率和广度当然要随不同的问题及其进展情况而变化。但其中的技巧就是这样简单。当然，在你积极进行研究时，要将有关问题记在心上，你还需要尝试被动地去接受你未尝预见到的和非计划中的联系。

（2）对于阐述不同论题的短语和句子抱持游戏的态度,经常会促使你的想象力得以自由驰骋。为了理解其涵义的全部外延,你不妨在字典或专业书籍中查找这些关键性术语的同义语。这种简单的习惯会促使你精心地理解问题中的术语,从而以较精炼的文字作出更为准确的定义。因为只有当你知道了所给术语或短语的数种含义之后,才能从中选择和你研究工作相符的最确切的一个。但是对于词语的关注还不止于此。在所有的研究中,尤其是在对理论综述进行考察时,你将仔细关注每个关键词的概括层次,你将经常发现将高层次的阐述分解成更具体的含义会很有用。这样做往往会使一个陈述化解为两三个组成部分,每一部分指向不同的维度。你还要试着提高概括性的层次:除去一些具体的修饰语,从更抽象的层次考察经过重新组织的陈述或推断,看看你是否能够拓展它或详尽地阐述它。所以,无论是由浅入深还是由深入浅,在寻找更清晰明确的含义时,你应当试着去探索思想的每个方面及其含义。

（3）在思考你所产生的许多一般性观念时,它们会被分成各种类型。而一种新颖的分类常常是引致富有成果的进展的开始。一言以蔽之,构造类型,探索每种类型的条件及结果的技巧,是你熟能生巧的一道程序。你应该寻找各种分类间的共同特性和区别因素,而不是满足于现有的尤其是常识之见的分类。好的类型要求分类具有简明性和系统性。为了达到这一点,就必须养成交叉分类的习惯。

交叉分类的技巧当然不能局限于定量资料。事实上,交叉分类正如同批判和廓清旧的类型,是构想并掌握**新**类型以及批判和修正旧类型的最好方法。某种定性的图表、表格和草图不仅是一种展示已完成研究的方法,而且常常是真正的生产工具。它们澄清各种类型的"各种维度",从而也可以帮助你构想和建立新的类型。事实上,在过去的15年里,如果不借助于一点交叉分类,我相信我写的手稿不会多于12页(当然,尽管我并不经常展示这些草图)。它们多半会有缺陷,但在这个过程中你仍能学到一些东西。它们使你的思考更清晰,写作更简洁,使你能够发现你正思考的术语和正处理的事实的范围,以及其中的全部联系。

对于从事研究的社会学家来说,交叉分类就如同用图解法来分析一个句子之于一个勤奋的语言学家。很多时候,交叉分类就是社会学想象力的语法,像所有语法一样,对它必须加以控制,并且不让它脱离原本的目的。

(4)通过对另一极的思考,即思考你所关心的事物的反面,你往往能获得最好的洞察。如果你思考绝望,那么同时也想想令人高兴的事情;如果你研究守财奴,那么同时还要研究研究大肆挥霍者。世界上最难的事情就是只研究一个事物;当你试着比较各种事物时,你可以更好地理解有关资料;并且可以根据比较的内容勾勒出它们的特点。你会发现穿梭于对这些维度以及这些具体类型的关注之间,会使人深受启发。这一技巧合乎逻辑。因为没有样本,你就只能猜测统计频率:你所能作的就是给出一些现象的观察范围和主要类型,而如此做的较简单方法,就是构筑"两极类型",即不同维度的对立方面。这当然不是说你不用再努力获得并维持一种比例感,而是说不用去寻觅得到给定类型频率的线索。实际上,一个人应当连续不断地将这种寻求与对指标的探索相结合,以此发现和收集统计资料。

这就是要运用各种不同的观点：比如，你可以问自己你最近所读到的一位政治学家将怎样处理这个问题，或者一个实验心理学家、一个历史学家又是怎样处理的？你可以从不同的角度来进行思考。通过这种方式，可以使你的头脑变成一个移动的棱镜，它可以从尽可能多的角度来吸收光线。在这一点上，对话描写常常是非常有用的。

你会时常发现自己正在思考某些事，而在力图理解一个新的智力领域时，你最好列出主要的争论。所谓"浸泡在文献中"，含义之一就是你能确定各种可资利用观点的对手和朋友，但过度沉浸于文献中是不太好的，你可能在里面"溺死"，就像阿德勒一样。也许关键在于你要知道什么时候应该阅读而什么时候不要阅读。

（5）为简单起见，在交叉分类中，使用是与否的形式，将促使你去思考极端的对立面。总的来说，这并无不妥，因为定性分析肯定不能向你提供统计频率或幅度。它的技巧和目的就是要告诉你各种类型。从各个方面说，你所需的无过于此了。当然，有时候你确实还需要更明确地了解相关的比例。

想象力的释放，有时可以通过故意颠倒你的比例感而获得成功。[5]如果某物看起来非常微小，那就设想它相当巨大，并且问自己：这样想将会有什么不同呢？反之亦然，对于宏大的现象也可以如法炮制。一个3千万人口的原始村庄集合会是什么样子？至少到目前为止，在将事物的要素、条件和结果置于我可以控制其规模的假想世界里玩味一番以前，我根本不会想到去实际地计算或测量它们。统计学家在说"在对宇宙进行抽样调查之前，先了解宇宙"这一惊人短语时，所表示的应该是这种做法，但他们却似乎从未如此表示。

（6）无论你关心什么样的问题，你都会发现以比较的方式理解资料是很有帮助的。对一个或数个文明和历史阶段的可比案例的搜寻，将给你提供一些线索。如果不始终联系其他不同类型的结构和时代中类似的制度，你无法想象能够描述20世纪美国的一个制度。事实就是如此，即便你不进行准确清晰的比较。有时，你会几乎自动地确定你从历史角度反思的方向。这么做的一个原因就是被考察的研究对象往往数量有限，要想获得一个比较的理解，你必须把它置于历史的框架。换句话说，相反类型的获得往往需要对历史资料进行考察。这么做，有时会获得有助于趋势分析的要点，或会导致对阶段的类型划分。然后，由于你想了解更全面、更易处理的现象范围——我指的是这个范围包括某一系列已知维度的变化，你会运用这些历史资料。掌握一些世界史知识对社会学家来说是很必要的。没有这些知识，无论他懂得其他什么，他不过是个跛子。

（7）最后还有一点，不是与想象力的释放，而是与编辑一本书的技巧更为相关。然而这两点也经常是合而为一的。为展示材料而安排资料的方式，总是影响到你研究的内容。我的这个思想是从一位伟大的编辑——L.戴维斯那里学来的，恐怕当他看到我对这一思想做了怎样的发挥后，再也不想承认这个想法是来源于他了吧。这就是主旨和论题间的区别。

论题是一种主题，如"公司管理者的生平"、"军官权力的膨胀"、"母系社会的没落"。通常你必须以一章或其一部分来阐述一个论题，但你组织论题的顺序往往将你带入主题领域。

主旨是一种思想。它通常是与某种显著的趋势、某种主导概念或某个关键区分有关，比如合理性与理性的区别。在设想一本书的结构时,当你开始领悟两三个、或像实际过程那样的六七个主旨之后,你就会知道你已到达了研究的顶峰。你会熟谙这些主旨,因为它们总是被卷入各种论题当中,或许你会感到它们只是在简单的重复,然而,有时这就是主旨的全部,它们必定非常频繁地出现在你的手稿的某些段落中,而这些手稿必然晦涩难懂,写得很糟糕。

于是你必须将它们进行分类,并且尽可能清晰简短地对其进行一般性说明。接下来你必须十分系统地将全部论题进行交叉分类。这就意味着你要叩问:这些主旨是怎样对它产生影响的?以及:其中每一个主旨如果有意义,那是什么意义?

有时,在对一个主旨作初次介绍或接近结尾的总结性陈述时,可能本身就需要有一章或一节进行论述。总而言之,我认为多数作家,以及多数的系统思想家,都会同意所有的主旨有时必须同时出现在某一处,并且互相关联。尽管不是无一例外,但在一本书刚开始时常常就是这样的。通常在一本结构不错的书中,它必须出现在接近末尾处。当然,在所有的方法中,你至少应该试着将这些主旨和它的一个论题相联系。可惜知易行难,因为它通常并不像表现出的那样死板。不过,它有时会很死板——至少当这些主旨被正确地分类和阐明时。但是,困难就在于此。因为我在这里所说的在文学技巧中被称为主旨,而在学术研究中则被称为思想。

有时你会发现一本书没有真正的主旨,仅有一串论题,当然还有方法论的导言,以及理论性导论。对于没有思想的人来说,这些是他们写书时真正必不可少的。当然这样的书是缺乏明晰性的。

五

我知道你会赞同在自己所研究问题和思想许可的条件下,应用尽可能清楚、简单的语言表述它们。但是正如你已经意识到的,一种臃肿浮夸、充满大话的乏味文章在社会科学中看起来非常盛行。我推想运用它的人认为他们在模仿"物理学",却没有意识到这些乏味文章大多是没有必要的。实际上,据权威说,存在着一场"严重的文学危机",社会科学在很大程度上卷入了这些危机。[6]这种特殊语言的出现,是否要归因于正被人们讨论的论点、概念和方法过于深刻而细致呢?如果不是,那么为什么会有M.考利*所恰当称之的"社会学语言"呢?[7]它对你的日常研究真是必不可少的吗?如果是,那么对于这种语言,你也无计可施;如果不是,你又该如何避免它呢?

我相信,这种明白晓畅的缺乏,通常与主旨的复杂关系不大,或者根本就没有关系,它和思考的深刻性更是毫无瓜葛,它几乎完全是和学院作家搞不清自身地位有关。

今天,在许多学术团体中,任何一个试图以通俗易懂方式写作的人,都很容易被贬称为一个"纯粹文人",或者更糟糕的是"纯粹撰稿人"。或许你已知道,人们通常使用的这些短语,只表明了一个似是而非的推论:因为可读而肤浅。美国学者试图在看起来经常与其格格不入的社会氛围中体验一种严肃的学术生活。他的声望必须弥补由于选择学术事业而牺牲的许多重要价值。他获取声望的要求,很容易使他将自我形象定

---

* M.考利(Malcolm Cowley,1911—1993),美国文学批评家和社会史学家。——译者注

位为一个"科学家"。而被称为一个"纯粹撰稿人"则使他感到有损尊严和浅陋。我想，成为繁琐词汇和与此相关的说话和写作方式的根基的，正是这种情况。拒绝这种方式要比学会它更加困难。它已成为一种习惯，而那些不运用它的人，则会遭受道德上的非议。或许这正是学术团体中的庸常之辈怀着可以理解的私心，排斥那些引起学术圈或其他的智识人士注意的人，从而造成的学术封闭。

写作的目的就是要引起读者的注意，它是写作风格的一部分。写作要求作者有一定的地位，从而能引起别人阅读。年轻学者无法回避这两种要求，因为他感到自己缺乏社会地位，所以常常将获得个人地位的要求置于引起读者注意的要求之前。实际上，在美国，即使是最有成就的知识人士，在大的社会圈内和公众中也是没有多少地位可言。在这一方面，社会学的事例一直是一个极端的类型：社会学的习惯性风格，大部分产生于社会学家们即使是和其他学者相比，也没有什么社会地位的时候。渴望获得地位使学者们变得缺乏明晰性。而这也恰恰是他们没能拥有他们所渴望的社会地位的一个原因。这不啻是一个恶性循环，不过任何一个学者都很容易将它打破。

要克服学术的乏味化，你首先要克服学术腔势。学语法和益格鲁-萨克逊词根远不如弄清楚下面三个问题重要：（1）我的论题的难度和复杂性究竟如何？（2）在写作中，我自己该如何定位？（3）我为谁而写作？

（1）通常第一个问题的答案是这样的：你写作的方式原本

可以不像你所想的那样困难复杂。其例子随处可得：95%的社会科学书籍可以很容易地翻译成英文，这一点即可证明。[8]

但是，你可能会问，难道某些时候我们不需要一些专业术语吗？[9]我们当然需要术语，但"专业"不一定意味着艰深，当然也不意味着玄虚行话。如果这些术语真正是必需的，并且清楚、准确，那么便不难在流畅的英语氛围内使用它们，并将它们的意思介绍给读者。

或许你会反对说，普通词汇的习惯用法常常"负载"一定的感情和价值观，于是为了避免这些负载，我们最好使用新的词汇或术语。我的答案是：普通词汇通常确实有这样的负载。但在社会科学中的普遍使用的许多专业术语，也是有所负载的。要写得清楚，就要控制这些负载，就是对你意思的表达要精确到这样的程度：这个意思，并且只有这个意思能被其他人理解。假设你要表达的意义被限定在一个六英尺的圆圈内，你就站在其中；再假设你的读者所理解的是另外一个这样的圆圈，他也身处其中，我们希望这两个圆圈能够有所重叠，这个重叠的区域就是你们交流的区域。在读者的圆圈里，那未重叠的部分是由读者构成的一个非受控意义的区域。在你的圆圈内，那未重叠的部分则是你又一个失败的标志；你未能使它为他人接受。写作的技巧就是要使得读者的语义圈完全和你的相一致，使你们两者站在同样的受控意义圈内。

这样，我的第一个观点就是：大多数的"社会学语言"与主旨或思想的复杂性是不相关的。我认为它几乎完全是用来建立自我的学术需求的。我这样写，是想告诉读者我经常这样认为，而我经常确定这些读者对此并无了解。"我知道某件事情,它是那么难,只有当你学会我这种难学的语言,你才能理解它。同时,你仅仅是一个撰稿人,一个门外汉,或是其他不成熟的类型。"

(2)要回答第二个问题,我们必须根据作家自己的想法和他讲话的声音来区别展现社会科学研究的两种方式。第一种方式产生于这样一种思想:他是这样一个人,可以大声叫喊、轻声低语或暗自发笑,但他总是在那儿;他是哪种人也很明显;无论是自信还是神经过敏,直截了当还是曲折委婉,他都是经验和推理的核心。现在他发现了某种东西,并向我们讲述这种东西是如何被发现的。这就是可获得的最好的英语说明背后的声音。

另一种表述研究的方式是不用任何人的任何声音。这种写作根本就不是一种"声音",它是一种自动的音响,是一篇由机器制作的乏味文章,十分空洞,并不像它所矫饰的那样值得注意:这不仅仅是非个人的声音,它还是一种矫饰的非个人化。政府公告有时就是以这种方式写作的。商业信函,还有许多社会科学方面的文章也是如此。任何不能想象为个人演讲的写作——或许某些真正的大文体家不包括在内——都不是一种好的写作。

(3)但最后的问题是,谁来听这个声音?对这个问题的思考也可以导致风格的不同。对于任何一位作家,牢记他的受众是什么类型的人,并且真正地为他们所想,是非常重要的。这些问题并不容易:要很好地回答它们,需要你对自己定位以及对读者的了解。写作的目的就是要引起阅读,但是由谁来读呢？

我的同事L·特里林*已经提出一个答案，并且允许我在此转述。你要假定被邀请去做一个你所熟知的主题的讲演，你的听众是来自一流大学各个院系的老师和同学，还有来自附近一个城市的各色各样的感兴趣者。假设这样一群听众在你面前，他们都有权利了解，假设你也想让他们知道，那么现在开始写作。

对于社会科学家来说，在写作时有四种大致可能。如果他承认自己是一个代言人，并且假设他对我上面所指出的那些公众讲演，他会试着写具有可读性的散文。如果他假定自己是代言人，但是对受众的情况，却不甚了解，那就很容易写出一些难以理解的胡言乱语。这样的人最好还是谨慎些。如果他自认不是代言人，而是非个人话语的代表，那么如果他找到一群公众，它也极可能是一群教徒。如果不知道自己是不是代言人，他就找不到任何公众，只能孤单地面对无人保留的记录讲上几句，因此，我想我们必须承认，他是一台标准化文体的制造机：在空旷大厅中回荡的自动音响。这令人不寒而栗，仿佛置身于卡夫卡的小说中一样，情况应是：我们一直在讨论理性的边界。

深刻和冗词之间的界限常常是很微妙的，甚至是很危险的，如惠特曼的小诗所写的那样，一些人开始研究时迈出的第

---

* 特里林（Lionel Trilling，1905–1975），美国文学评论家，哥伦比亚大学教授（1931—195年），著有《弗洛伊德和我们的文化危机》《文化之外：论文学和学识》《真诚和真实性》等。——译者注

一步，就使得他们如此愉悦而敬畏，以致几乎不想再继续下去，没有人否认这种神奇的魔力。语言本身形成了一个奇特的世界，但是，当我们卷入那个世界时，一定不要将初始的迷惘与已完成的结论的深刻性相混淆。作为学术共同体的一员，你应该把自己当作一种真正伟大语言的代表，你应该期望并且要求自己在讲演和写作中，努力运用文明人措辞。

最后一点，是关于写作和思考之间的相互作用。如果你只根据莱欣巴赫所谓的"发现的情境"来进行写作，那么你只能被少数人所理解，而且你在陈述时往往会非常主观。要是你的思考内容较为客观，你必须在介绍的情境中研究。首先，你向自己展示你的思考，这通常被称为"清晰地思考"，然后，当你感到它已经很有条理的时候，将它介绍给别人——这样，你常常会发现其实还没有使它条理化。这时候，你就处在"介绍的情境"中。有时你会注意到，当你试图介绍你的思想时，会对它做些修改——不仅修改要陈述思想的形式，而且还修改其中的内容。在"介绍情境"中从事研究时，你会获得新的想法。总而言之，它会因为具有更多的社会客观性，而变成一种不同于初始情境的处于更高层次的发现情境。同样，你无法将思考的方式与写作的方式分开。你必须往返于这两种情境下，而且无论何时，你最好知道你可能会去哪儿。

六

根据我说的这些内容，你能体会到，实际上不存在"开始从事某项计划"；你已经在"研究"了，或是通过个人性情、学术档案、浏览后所作的笔记，或是通过有目标的努力。循着这种生活和研究方式,你将总能拥有许多你想继续深入研究的论题。一旦你选定了一个"突破点",你会试着运用全部学术档案,你在图书馆的阅读,你的谈话以及对人的选择,所有这些都服务于你的这个论题或主旨。你着手建立一个包含所有与目前研究有关的关键要素的小世界,以系统方法将每一个要素都放在它应有的位置上,并且围绕这个小世界中每一部分的发展,不断重新调整研究框架。只有身居这样精心构筑的世界中时,你才能知道什么是必需的:思想、事实、思想、数字、思想。

  这样一来,你将有所发现和描述,设定一些类型来对你的发现结果加以排序,通过按名称区分条目来提炼和组织自己的经验。这种对顺序的探索,会使你寻觅模式和趋势,去发现或许典型的、有因果的关系。总之,你会去探索自己所遇见事物的意义,去探索那些可被认为是其他不可见事物的可见表征的东西。你会列出一份包含与所有你想理解的内容有关的事物的清单;然后,删繁就简,余其肯綮,接下来,将这些条目谨慎而系统地组织起来,使其互相关联,形成一种研究模型。至此,你就能将这个模型和你欲解释的事物比照。这一模型有时颇具效力,但有时也不能奏效。

  但是,在这些细节中,你要一直探索能够揭示20世纪中叶整个社会的主要潮流、潜存的形式及趋势的指示器。因为最终,你总要写到人类的多样性。

  思考是一种寻求有序化、全面化的努力。你不能太着急就停止思考,否则你将无法知道应该知道的东西;你也不能不加控制地一直思考下去,否则你会使自己头脑塞满。我想,正是这种两难的处境,才使反思——尽管罕能取得一定成功——成为人类力所能及的最为热切的努力。

或许我可以通过一些箴言和警句对以上阐述的几个问题进行最好的总结：

（1）做一名优秀的巧匠：避免呆板的程式。你首先要寻求发展并且运用社会学的想象力，避免对方法和技巧的盲目崇拜。促使不炫弄技巧的学者的再生，并努力使自己也成为这样的学者。让每一个人都成为他自己的方法论者，让每一个人都成为他自己的理论家，让方法和理论再一次变为技艺实践的一部分，支持卓越的独立学者；反对技师研究小组占支配地位。让你的心智独立地面对人与社会的问题。

（2）避免形成拜占庭式的拆解组合概念的怪癖，以及空话连篇的作派。鞭策你自己和其他人陈述时要简单明了。只有当你确信运用更繁复的术语才能扩大你感受力范围，增加论述的准确性及推理深度时，你才能较多地使用它们。不要以晦涩难懂来逃避对社会作出判断，来逃避读者对你的研究作出判断。

（3）只要你认为研究必需，你可以建立横贯历史的结构，也可以探究各段历史的细节。尽你可能地总结出规范的理论和构筑各种模型，仔细地考察琐细的事实及其间的联系，同时也要考察那些重大的独一无二的事件。但是不要突发奇想：使所有这些研究持续地、紧密地与历史现实的层面相联系。不要臆想会有其他什么人在某个时间、某个地方为你做这些。把确定历史真实性作为你的一项任务，根据它所包含的术语来梳理你的问题，以便解决它们，从而解决由它们所带来的争论和麻烦。如果你头脑中没有根据充分的例子，那你写东西不要超过三页。

（4）不要仅仅沉迷于一个又一个的小情境研究,要关注将各种情境组织起来的社会结构。通过对这些大的结构的研究,选择合适的情境以从事细节研究,并且要从理解情境与结构间相互作用的角度进行研究。对处于不同时间阶段的研究,也要用类似的方式进行。无论你是多么讲求精确,都不要只做一名记录员。要知道新闻写作可以是一项非常伟大的智力劳动,但还要知道你所从事的工作更伟大,所以不要仅仅将细微的研究嵌入到刀锋般细屑且静态的时刻或某一极短的时段上,而应该将时间跨度扩展到人类历史的发展过程,并且包括星期、年和各个时代。

（5）你要认识到你的目标是对世界历史上曾有的和现有的社会结构进行充分的比较性理解。要认识到实现这个目标,你必须避免普遍存在的学院科系的武断的专业化。你要根据你的主旨,最重要的是要根据特定的问题,来对研究进行不同形式的专业化。在梳理和解决这些问题的努力中,不要犹豫不决,相反,要持续不断并富有想象力地去探索,从所有关于人和社会的明智研究中汲取视角、现实资料、思想和方法。它们是你的研究成果,它们与你血肉相连;不要让那些使用神秘难懂的话语和以专家自居的人从你这掠走它们,扼杀它们。

（6）你要始终关注人的意象,即有关他的人性的一般观点,这正是你在研究中假设和运用的;以及历史的形象,即你关于历史是怎样形成的观念。一言以蔽之,你要不断地研究并改变你对历史问题、人物问题以及包含着人物和历史交叉的社会问题的看法。保持对个人的多样化及时代变迁的宽阔视野,把你所看到和所想象的内容,作为你研究人类变迁的线索。

（7）你要了解你继承并正在从事古典社会分析的传统，所以不要将人作为一个孤立的部分理解，也不要将它本身自然地当作一个可理解的领域或系统去领会。请试着将男人和女人当作历史和社会的参与者，要理解各种人类社会选择和形成各种各样的男人女人的错综复杂的方式。你所在的历史阶段是20世纪中叶。在完成一项研究之前，无论在情境上是多么不相关，你都要把它当作理解你自身所处的这一时代——20世纪后半叶可怕而有重大意义的人类社会——的结构与动向、形貌与意义的持久而核心的任务。

（8）不要让经过官方阐述的公共论题或是由个人感受到的困扰决定你所研究的问题。首先，不要在接受具科层制气质的保守主义的实用性，或道德多元的自由主义的实用性中放弃你在道德和政治上的自主权。要知道许多个人困扰不能仅仅当作困扰解决，而是必须按照公众问题和历史形塑问题来理解。要知道在公共论题中，人的意义必须通过将这些问题和个人困扰及个人生活问题相联系才能显现出来。要充分表达社会科学的问题，就必须既要包括困境又要包括问题，既要观察人物又要观察历史，以及它们之间错综复杂的关系。在这种关系范围内，个人生活和社会的塑造才得以发生；在这种关系范围内，社会学的想象力才有机会影响我们时代人们生活的质量。

注释

1　比如，可以参看米尔斯所著的《白领阶级》(*White Collar*)的第十三章, New York,

Oxford University Press, 1951。在摘记中我做了这样的工作，将莱德勒(Lederer)和伽塞特(Gasset)相对"精英理论家"，看作对18和19世纪的民主政治学说的两种不同反应。

2　莫斯卡关于心理法则的论述也被认为是支持他的观点的。注意他对"自然的"一词的运用。不过这并不重要，不值得深究。

3　或许我应该用更为夸张的语言讲述这件事，使它以更易理解的方式呈现给那些还不了解其重要性的读者，即：在阐述问题状态时，你必须密切关注理论和概念的含义、经验研究的适当范式以及契合的检验模型。这些范式和模型的构造，必须在运用中，可从中抽取更深层的理论和概念意义。我们首先得充分探讨这些问题状态的理论和概念意义。要做到这一点，要求社会科学家将这种意义具体化，在它们的相互关系中思考它们，并且我们所使用的方法还要使这些意义能契合经验研究范式和验证模型。

4　参看Hutchinson(哈钦森)在*Study of Interpersonal Relations*(《人际关系研究》)中有关"洞察力"和"创造性努力"的出色文章, edited by Patrick Mullahy, New York, Nelson, 1949。

5　顺便提及，柏克(Kenneth Burke)在讨论尼采(Nietzsche)时，所指称的"不和谐的视角"("perspective by incongruity")，也是其中的一部分。请一定参见，*Permanence and Change*(《永恒与变迁》), New York, New Republic Books, 1936。

6　引自E. 威尔逊(Edmund Wilson)，这位深孚众望的"英语世界最出色的批评家"写道："就我阅读人类学家和社会学家的文章所获得的经验而言，它们使我得出这样一个结论，就是在我的理想的大学中，要求每个系科的论文都要经由英语教授的通过，可能会导致这些系科的变革——如果后者的确还存在的话。" *A piece of My Mind*(《心智片断》), New York, Farrar, Strars and Cudahy, 1956, p. 164.

7　Malcolm Cowley, "Sociological Habit Patterns in Linguistic Transmo grification,"(《语言变形中的社会学习惯模型》), The Reporter, 20 September 1956, pp. 41ff.。

8　此类译作的例子可以参看第二章。顺便提一下，我所知道的关于写作的最佳著述是：Robert Graves & Alan Hodge, *The Reader Over Your Shoulder*(《你背后的读者》), New York, Macmillan, 1944。也可以参看Barzun and Graff, *The Modern*

Researcher(《现代研究者》), op. cit., G. E. Montague, *A Writer's Notes on His Trade* (《一位作家的事业笔记》), London, Pelican books, 1930–1949, 以及 Bonamy Dobrée, *Modern Prose Style*(《现代散文风格》), Oxford, The Clarendon Press, 1934–50。

9 那些远比我精通数学语言的人告诉我,数学语言的特点是精确、经济、清晰。因此对那些宣称数学在社会研究的方法中占核心地位,但在提笔为文时却含糊不清,冗长拖沓的人,我持有怀疑。他们应当从拉扎斯菲尔德那里补上一课。拉扎斯菲尔德毫无保留地推重数学,而且他的文章即使是草稿,也往往体现出数学语言的特质。我不能理解他所运用的数学,那是因为我的无知;当我对他用非数学的语言写就的文章持有异议时,我便知道是他出错了,因为我们总是知道他在谈些什么,从而也就明白他在什么地方出了错。

致　谢

本书的早期版本是我在一个社会科学讨论会上的讲稿，这个讨论会是丹麦社会部的顾问Henning Friis先生所筹办的，在1957年春天于哥本哈根举行。我非常感谢他，以及与会会员：Kirsten Rudfeld, Bent Andersen, P. H. Kühl, Poul Vidriksen, Knud Erik Svensen, Torben Agersnap, B. V. Elberling等人的犀利批评与善意建议。

第一章"前景"以及本书的其他短篇部分，曾经在1959年9月于圣路易向美国政治科学社做过简报。在六章，我采用了一篇文章"当前社会研究的两种研究风格"，曾发表于《科学哲学》1959年10月号第二十卷第四期。本书附录的前5节的早期草稿收录于《社会学理论研讨》(*Symposium on Sociological Theory*)一书，L. Gross编，1959年。第八章的第五节和第六节曾刊登在《每月评论》(*Monthly Review*)，1958年10月号。广泛而言，我也引用了曾刊于《周六评论》(*The Saturday Review*)1954年5月号上的评论。第九章及第十章当中有几节，曾经出现于我1月中在伦敦经济学院以及位于华沙的波兰科学院的公开演说稿中，并于1959年2月在BBC广播的第三节目频道上播出。

后来的草稿，部分或全部，都曾接受过以下同事的批评指

教,如果本书能有任何贡献的话,这些人功不可没。但愿我能有更好的方式向他们的慷慨协助致意:

Harold Barger, Robert Bierstadt, Norman Brinbaum, Herbert Blumer, Tom Bottomore, Lyman Bryson, Lewis Coser, Arthur K. Davis, Robert Dubin, Si Goode, Marjorie Fiske, Peter Gay, Llewellyn Gross, Richard Hofstadter, Irving Howe, H. Stuart Hughes, Floyd Hunter, Sylvia Jarrico, David Kettler, Walter Klink, Charles E. Lindblom, Ernst Manheim, Reece McGee, Ralph Miliband, Barrington Moore Jr., David Riesman, Meyer Schapiro, George Rawick, Arnold Rogow, Paul Sweezy.

非常感谢我的朋友William Miller和Harvey Swados,我的行文得以更加清晰,归功于他们的鼎力相助。

索　引

（条目后的页码系英文本页码，本书边码）

A

Abstracted empiricism　抽象经验主义　50-75, 123以下, 189注释
　administrative apparatus of　行政机构　55
　bureaucratic of　科层制的应用　101以下, 117
　characteristics of　特征　55-56
　expensiveness of　代价　64-65
　and the interview　访谈　50, 62, 70
　and the method　方法　59以下
　and a philosophy of science　科学哲学　56以下
　and a research institution　研究机构　103以下
　and public opinion　舆论　51, 54
　and sociology　社会学　64
　and theory and research　理论与研究　65-67
Academic cliques　学院派系 107-113
　and book reviewing　书评　112-113
Academic profession　学院生涯　97-99
Adjustment　调适　90-91
Adler, Mortimer　阿德勒　214

Alienation　异化　171以下
Allen, V. L.　阿伦　95注释
Almond, Gabriel　阿尔蒙德　139
American Business Creed, The　《美国商业信条》　38注释
American Journal of Sociology, The　《美国社会学杂志》　57注释, 85注释
American Political Science Review　《美国政治学评论》　84注释
American Social Science Association　美国社会科学学会　84
American society　美国社会　45, 47
American Solder, The　《美国士兵》　115
Anomie　失范　28以下
Anthropology　人类学　83, 136以下, 155, 159
Antiquity　古代　166
Arnold, Thurman　阿诺德　36
Art　艺术　18
Authority, definition of　权威的定义　41

B

Barzun, Jacques　巴尔赞　144, 164
Beck, William S　贝克　58
Becket, Carl　贝克尔　42注释, 152

256　社会学的想象力

Behavioral Sciences, The 行为科学 18注释

Behemoth 《巨兽》 46注释, 47

Bentham Jeremy 边沁 167

Berelson, Bernard 贝雷尔森 51, 54, 79注释

Book Reviewing 书评 112-113

Boulding, Kenneth 博尔丁 80

Bridgman, Percy 布里奇曼 58

British Journal of Sociology, The 《英国社会学杂志》 35注释

Bureaucratic ethos, the 科层制气质 100-118
    and abstracted empiricism 和抽象经验主义 101以下, 117
    and academic cliques 和学院派系 107-113
    and Grand Theory 和宏大理论 117-118
    and human engineering 和"人类工程" 113以下
    and slogans 和口号 113-116

Burke, Kenneth 伯克 215注释

Business Week 《商业周刊》 82注释

C

Capitalism 资本主义 34-35, 82

Character and Social Structure 《性格与社会结构》 36注释, 161注释

Cheerful Robot, The 快乐的机器人 171以下

Clark, Colin 克拉克 82

Clique, The 派系 204

Clique, academic 学院派系 107-113

and book reviewing 和书评 112-113

Coercion, definition of 压制的定义 41

Common denominator 共同尺度 21
    intellectual 学术的 13-15
    definition of 定义 14
    political 政治的 85

Common sense empiricism 常识经验主义 123-125

Communication 传播 参见Mass media 大众媒体

Comte, Auguste 孔德 6, 22以下, 87, 165, 179

Concept, the 概念 23, 32, 34以下, 38, 44, 48, 74, 90, 117, 120, 124以下, 128, 141, 157, 164, 224

Conception, definition of 观念之定义 124

Conflict 《冲突》 42注释

Conformity 服从 28, 30以下

Conservatives 保守主义者 96-97

Control, prediction and 控制与预测 113以下

Cooley, Charles H. 库利 152

Coser, Lewis A. 科瑟 42注释

Cowley, Malcolm 考利 217

Craftsmanship 巧艺 参见Intellectual craftsmanship 治学之道

Cultural lag 文化滞后 88-90

Culture 文化 136以下, 160注释

D

Dahl, Robert 达尔 139

Dark Ages, The 黑暗时期 166

Darwin, Charles 达尔文 127

Davis, Lambert 戴维斯 216
Democracy 民主 188-190, 191
　definition of 之定义 116, 188
Dodd, Stuart 多德 24
Dubin, Robert 杜宾 95注释
Dunlap, John 唐纳普 95注释
Durkheim, Emile 涂尔干 6, 29, 36, 152, 165

E

Economics, confusion of 经济学的混乱 82
18th Brumaire, The 《雾月十八》 182
Elite, study of the 精英研究 200-211
Emerson, Ralph Waldo 爱默生 37
Empiricism, reesearch 经验研究 201, 205-206
Empiricism, common sense 经验主义，常识 123-125 参见 Abstracted empiricism 抽象经验主义
Engels, Frederick 恩格斯 38
Enlightenment, The 启蒙运动 89, 158, 166, 183
Epistemology, definition of 认识论的定义 58
Essay in Sociology and Social Philosophy 《社会学与社会哲学论文集》 148注释
Evaluation, problems of 评价问题 76-79 参见 Values

F

Fate 命运、机运 182-183
Feudal Era, The 封建时代 152, 157
File, setting up a 建立一个档案 196以下
Form, Wiliam 弗姆 95注释
Fourth Epoch, The 第四纪元 166以下
Freedom, and reason 自由与理性 165-176
Freud, Sigmund 弗洛伊德 159以下, 166, 172
Fromm, Erich 弗洛姆 160, 171

G

Galbraith, John K. 加尔布雷思 82, 139
Galenson, Walter 盖伦森，引文 156注释
Gellner, Ernest 盖尔纳 156注释
General Motors 通用汽车公司 96
German Ideology, The 《德意志意识形态》 38注释
Certh, H.H. 格特 36注释
Ginsberg, Morris 金斯伯格 147-148
Gouldner, Alvin W. 古尔德纳 43
Graff, Henry 格拉夫，引文 144, 164
Grand Theory 宏大理论 23, 25-49, 75, 124以下, 190注释
　and anomie 和失范 28
　and the bureaucratic ethos 和科层制气质 117-118
　and capitalism 和资本主义 34-35
　and cause of 之起因 33
　and conformity 和服从 28, 30以下
　and institutions 和制度 28以下, 35-36, 39
　intelligibility of 可理解性 27
　and levels of abstraction 和抽象层次 34

and normative structure 和规范结构 37，40
and problem of order 和秩序问题 44以下
and problem of social integration 和社会整合问题 44以下
and problems of substance 和实质问题 43
reactions to 对……的反应 26
and sanctions 和制约 28以下
and semantics 和语义学 33-34
and symbol spheres 和符号领域 36，38
and value-orientation 和价值取向 25，28，30，37，40
Great Power States, The 强权国家 136
Great Society, The 《伟大社会》 171

H

Heavenly, City, The 《天城》 42注释
Hegel, G. W. F. 黑格尔 38
Historians, task of 历史学家的任务 144-145
History 历史
    as a discipline 作为一门学科 143以下
    indispensability of knowledge of 知识的必要性 150-151
    need for the materials of 史料的需要 151-154
    and psychology 和心理学 157-161
    relevance of 之相关性 156
    'sketching in the historical background' "历史背景的轮廓" 154-155
    and sociology 和社会学 146以下
    trendsin 趋势 151-154
    uses of 用途 143-164
History of Militarism 《军国主义史》 53
Horkheimer, Max 霍克海默 122-123
Horney, Karen 霍妮 154，172
Houghton, Neal 霍顿 83-84
'Human engineering' "人类工程" 113以下
Human Variety, the 人类多样性 132-142
    and the nation-state 和民族国家 135-136
    scope of 之范围 132-133
Hume, David 休谟 77
Hutchinson E. D. 哈钦森 211注释

I

lbn-Khaldoun 伊本·赫勒敦 156
Indifference 漠然 11，131，172
Individual, the 个人 169以下
Industrial and Labor Relations Reviews 《工业与劳务关系评论》 156注释
Industry 工业，产业 92-95
Institutions 制度 28以下，35-36，39
    definition of 定义 29-30
Integration, social 整合，社会 44以下
Intellectual craftsmanship 治学之道 195-226
    empirical research 经验研究 201，205-206
    projects 计划 198-199
    setting up a file 建立档案 196以下

索引 259

source of ideas　思想来源　211以下
　　stimulating the sociological imagination　激发社会学的想象力　212-217
　　study of the elife　精英研究　200-211
　　thinking, definition of　思考的定义　223
　　writing, style in　写作风格　217-222
International Encyclopedia of United Science　《统一的科学国际百科全书》　33注释
Interview, the　访谈　50, 62, 70
Issues　论题　11, 128以下, 168, 172, 206
　　definition of　的定义　8

J

Johr, W. A.　鸠尔　123
Jones, Ernest　琼斯　13

K

Kecskemeti, Paul　科兹克迈悌　191
Kornhauser, Arthur　康豪舍　95注释
Kusch, Polykarp　库施　58

L

Language of Social Research, *The*　《社会研究的语言》　59注释
Lasswell, Harold D.　拉斯维尔　139, 152, 202
Latham, Earl　拉瑟姆　139
Lazarsfeld, Paul F.　拉扎斯菲尔德　24, 59, 65, 100, 125, 219注释
Lecky, W. E. H.　莱基　6
Legitimation　正当性　36, 41, 53
Leonatief, Wassily　里昂惕夫　82

Liberalism　自由主义　85-90, 166
Lindblom, Charles E.　林德布罗姆　95注释
Lipset, Seymour　利普塞特　95注释
Locke, John　洛克　36
Locdkwood, David　洛克伍德　35
Lundberg, George　伦德伯格　24, 56注释
Lynd, Robert S.　林德　115

M

Maine, Sir Henry　梅因　152
Malthus, Thomas　马尔萨斯　83
Man and Society　《人与社会》　168注释
Mannheim, Karl　曼海姆　6, 36, 149, 165, 168, 170, 179
Marshall, S, L. A.　马歇尔　54
Marx, Karl　马克思　6, 11, 22, 36, 38, 48, 61, 82, 95, 114, 149, 165, 167, 171, 182, 190, 200, 202
Mass media　大众媒体　52, 81, 211
Mead, George H.　米德　160, 172
Means. Cardiner C.　闵斯　82
Men Under Fire　《战火中的人》　54
Method　方法　121以下
　　definition of　定义　57-58, 120, 参见Abstracted empiricism
Method, the　惟一方法　59以下, 190注释
Methodological inhin habition　方法论抑制　50, 55, 71, 74, 106, 145, 189注释
Methodology　方法论　24

definition of 定义 58
Metropolis, the 大都市 9-10, 171
Michels, R. 米歇尔斯 165, 202
Mill, John Stuart 穆勒 149, 167
Miller, Delbert 米勒 95注释
Mind 《心智》 156注释
Modern Researcher, The 《现代研究者》 80注释, 144注释, 164注释
Modern Age, The 现代 165以下, 171
Modern Science and the Nature of Life 《现代科学与人生本质》 58注释
Moore, Barrington 摩尔 125
Moore, Wilbert 穆尔 95注释
Morale, Definition of 士气的定义 93-94
Morris, Charles M. 莫里斯 33注释
Mosca, G. 莫斯卡 36, 202
   notes on 笔记 203-204

N

Nation--State, the 民族国家 135-136, 182
Nature Science 自然科学 56以下
Nazi Germany 纳粹德国 44以下, 125
Neumann Franz 诺伊曼 46注释, 125
New Republic, The 《新共和国》 115注释
New Social Science, The 新社会科学 100
Newton, Isacc 牛顿 127
1984 《1984》 156, 186
Normative structure 规范结构 37, 40

O

Order, problem of 秩序问题 25, 44以下

Orwell, Geoge 奥威尔 145, 172, 189注释

P

Pareto V. 帕累托 152, 202, 204
Parsons, Talcott 帕森斯 23, 25-33, 35以下, 42, 48, 87
People's Choice, The 《人民的抉择》 52
Permanence and Change 《永恒与变迁》 215注释
Philosopher-king 哲学王 179-180
Philosophies of science 科学哲学 119-131
   abstracted empiricism 抽象经验主义 56以下, 123以下
   classic social science 古典社会科学 120以下, 129以下
   common sense empiricism 常识经验主义 123-125
   Grand Theory 宏大理论 124以下
Philosophy of Science 《科学哲学》 119注释
Physical science 自然科学 15, 89
Piece of My Mind, A 《心智片断》 217注释
Political roles 政治角色 179以下, 189
Politics 政治 177-194
Power, definition of 权力的定义 40
Practicality 实践性
   and the academic profession 和学院生涯 97-99
   and adjustment 和调适 90-91
   and bureaucratic routines 和科层组

织例行工作　80以下
　and conservatives　和保守主义
　　96-97
　and cultural lag　和文化滞后　88-90
　definition of　定义　92
　and ideological issues　和意识形态
　　问题　80以下
　illiberal　非自由的　92, 100
　and industry　和工业,产业　95-95
　liberal　自由主义的　23, 85-90
　problems of　问题　76-79, 90
　types of　类型　76-99
Prediction and control　预测与控制
　113
Principia media　主导媒体　149-150
Problems　问题
　definition of　定义　90
　and values　和价值　129-131
Propaganda　宣传　191
Psychoanalysis　心理分析　159-160
Psychologism　心理主义　67-68
Psychology　心理学　157-164
Public opinion　舆论　51-54
Puritan Man, The　清教徒　162

R

Rationality　合理性　168以下
Reason　理性
　and freedom　和自由　165-176
　vs. Rationality　相对性　vs. 合理性
　　170
　role of　角色　167, 192
　social task of　社会任务　174
Redfield, Robert　雷德菲尔德　152

Reichenbach, Hans　莱欣巴赫　222
Renaissance Man, The　文艺复兴人
　175
Reporter, The　《报道者》　217注释
Research　研究　110, 117
　Empirical　经验的　103以下, 210,
　　205-206
　And theory　和理论　65-67
Riesman, David　里斯曼　139, 171
Robbins, Lionel　罗宾斯　80
Rogow, Arnold　洛戈　84
Role of the Economist as Official Adviser
　《作为官方顾问的经济学家的角色》
　123注释
Ross, Arthur M.　罗斯　95注释
Ross, E. A.　罗斯　6
Rossi, Peter H.　罗西　61注释
Rousseau, Jean Jacques　卢梭　36
Ruling Class, The　统治阶级　203

S

Saint-Simon, Count de　圣西门　152
Sanctions　制约　28以下
Schumpeter, Joseph　熊彼特　6, 139,
　165, 202
Science　科学　参见Behavioral Science,
　Natural Science, Philosophies of
　science, Phisical Science, Social
　Science　行为科学,自然科学,科学
　哲学,物理学,社会科学
Science Machines　科学机器　16, 184
Scientific History　科学的历史学
　156-157
Scientific Method, the　科学方法

57, 105, 130
Semantics 语义学 33-34
Sexual Behavior in the Human Male
 《人类男性性行为》 164
Simmel, Georg 齐美尔 23, 171
Singer, H. W. 辛格 123
Slogans 口号 113-116, 123, 190注释
Snow, C. P. 斯诺 16
Social laws 社会法则 149-150
Social science 社会科学
   Concerns of 关注 132以下, 161-164
   Current conceptions of 当前的观念 20-21
   Definition of 定义 18注释, 19
   Problems in 问题 129-131
'Social science movement' 社会科学运动 84
Social scientist, the 社会科学家
   political roles of 政治角色 179以下
   as professor 作为教授 186-188
   task of 任务 13, 184, 187
Social structure 社会结构 134, 137
Social System, The 《社会系统》 25, 27, 31, 33, 47以下
   Parsons, Talcott 参阅帕森斯
Sociological imagination, the 社会学的想象力 5以下
   definition of 定义 7, 15, 19注释
   stimulating 激发 212-217
Sociology 社会学 60以下, 146以下
   definition of 定义 22, 35
Sociology in the United States of America 《美国社会学》 43注释, 61注释
'Socspeak' 社会学语言 217, 220

Sombart, W. 桑巴特 165
Sorel, G. 索雷尔 36
Spencer, Herbert 斯宾塞 6, 22, 36, 61, 152, 165
Spengler, Oswald 斯宾格勒 23
Stagner, Ross 斯太格勒 95注释
Staley, Eugene 斯塔利 125
State of the Social Sciences, The 《社会科学现况》 51注释
Statistical Ritual, The 统计仪式 72
Stouffer, Samuel 斯托弗 24, 53, 125
Study of Interpersonal Relations 《人际关系研究》 211注释
Sweezy, Paul 斯威齐 146
Symbol spheres 符号领域 36, 38, 46
Syntax 句法学 33-34

T

Taine, Hippolyte 泰纳 17
Teaching, responsibilities of 教学责任 79
Tensions That Cause Wars 《引发战争的紧张》 123注释
Textbooks 教科书 141
Theory 理论 32, 65-67, 110, 117, 120以下, 参阅Grand Theory
Times, The (London) 《泰晤士报》 17
Tocqueville, Alexis de 托克维尔 17, 45, 47
Tonnies, F. 滕尼斯 152
Toynbee, Arnold 汤因比 23
Tradition, sociological 社会学传统 21以下
Troubles 困扰 11, 128以下, 168, 172, 206

definition of 之定义 8
Truman, David 杜鲁门 139

U

Unalienated man 未异化的人 93
Uneasiness 焦虑 19, 131, 172
U. S. Steel 美国钢铁公司 96

V

Vagt, Alfred 瓦格特 53
Value-orientation 价值取向 25, 28, 30, 37, 40
Values 价值 129-131, 178 参阅 Evaluaton 评价
Veblen, Thorsteion 凡勃伦 6, 89, 165, 200, 202
Verification 证实 125-127

Von Wiese, L. 维泽 23
Voting Studies 选举研究 52, 147-148

W

Wagner Act 瓦格纳法案 97
Wallas, Graham 瓦尔拉斯 171
Weber, Max 韦伯 6, 22, 32, 36, 48, 54, 61, 125, 152, 162, 165, 202
Well-being 幸福 11
White Collar 《白领阶级》 202注释
Whitman, Walt 惠特曼 93, 222
Whyte, William H. 怀特 95注释, 171
Wilson, Edmund 威尔逊 217注释
Writing, Style in 写作风格 217-222

Y

Yeats, W. B. 叶芝 29

译者后记

在一个春光明媚的下午,终于在电脑前把这本书全部校译完毕,不禁长舒了一口大气。翻译不是一件容易的事情,如今一切过去,再回顾此中的种种滋味,发现我们收获了很多。

这本书由陈强和张永强合作翻译,其中陈强负责翻译全书的第一、二、五、六、八、九章,其余章节由张永强翻译。李康先生担负了全书的统校工作,对我们的译稿进行了一丝不苟的校阅,他的认真精神和严肃态度,深令译者感激和敬佩。

三联书店为本书的出版,付出了大量艰苦的劳动,对本书的翻译过程,亦一直给予热情细致的支持,在此我们必须表示真诚的谢意。

另外要提及的是,在本书翻译过程中,恰好台湾巨流图书公司也出版了张君玫、刘钤佑的译本,不过其书名为《社会学的想象》,我们在翻译中,在一些地方,也参考了他们的译本。

译者都是年轻人,学术功底浅陋,加之翻译过程较为仓促,所以本书定有许多错误之处,恳请读者原谅,并提出宝贵的批评意见。

译者
1999年4月